Olinda

2º Guia Prático, Histórico e
Sentimental de Cidade Brasileira

Gilberto Freyre

Olinda

2º Guia Prático, Histórico e
Sentimental de Cidade Brasileira

Apresentação, textos de atualização e biobibliografia de Edson Nery da Fonseca
Ilustrações de Manoel Bandeira
Mapa turístico de Rosa Maria
Capitulares e desenho de Luís Jardim

© Fundação Gilberto Freyre, 2005
Recife-Pernambuco-Brasil
1ª a 5ª edições, 1944-1980, Editora José Olympio
6ª edição, Global Editora, São Paulo 2007
1ª Reimpressão, 2019

Jefferson L. Alves – diretor editorial
Gustavo Henrique Tuna – editor assistente
Edson Nery da Fonseca – textos de atualização
Flávio Samuel – gerente de produção
Ana Cristina Teixeira – assistente editorial
Ana Cristina Teixeira, João Reynaldo de Paiva Rinaldo Milesi – revisão
Eduardo Okuno – projeto gráfico

Obra atualizada conforme o
NOVO ACORDO ORTOGRÁFICO DA LÍNGUA PORTUGUESA

DADOS INTERNACIONAIS DE CATALOGAÇÃO NA PUBLICAÇÃO (CIP)
(CÂMARA BRASILEIRA DO LIVRO, SP, BRASIL)

Freyre, Gilberto, 1900-1987.
  Olinda : 2º guia prático, histórico e sentimental de cidade brasileira / Gilberto Freyre ; apresentação, textos de atualização e biobibliografia de Edson Nery da Fonseca ; ilustrações de Manoel Bandeira ; mapa turístico de Rosa Maria ; capitulares e desenho de Luís Jardim. – 6. ed. – São Paulo : Global, 2007.

  Bibliografia.
  ISBN 978-85-260-1073-4

  1. Olinda (PE) – Descrição – Guias 2. Olinda (PE) – História 3. Turismo – Olinda (PE) – Guias I. Fonseca, Edson Nery da. II. Bandeira, Manoel. III. Maria, Rosa. IV. Jardim, Luís. V. Título.

07-1339   CDD-918.134

Índices para catálogo sistemático:
1. Olinda : Pernambuco : Descrição e viagens : Guias   918.134

Direitos Reservados

global editora e distribuidora ltda.
Rua Pirapitingui, 111 – Liberdade
CEP 01508-020 – São Paulo – SP
Tel.: (11) 3277-7999
e-mail: global@globaleditora.com.br
www.globaleditora.com.br

Colabore com a produção científica e cultural.
Proibida a reprodução total ou parcial desta obra
sem a autorização do editor.

Nº de Catálogo: **2717**

OLINDA
HISTÓRICA E SENTIMENTAL

REFERÊNCIAS

1 FAROL
2 IGREJA DE SÃO JOSÉ
3 FORTIM
4 ESTAÇÃO DE RADIOTELEGRAFIA
5 IGREJA DO CARMO
6 IGREJA DOS MILAGRES
7 MOSTEIRO DE SÃO BENTO
8 CASA EM QUE MORREU JOÃO FERNANDES VIEIRA
9 PREFEITURA MUNICIPAL (ANTIGA FACULDADE DE DIREITO)
10 IGREJA DE SÃO SEBASTIÃO
11 IGREJA DO CONVENTO DE SANTA TERESA
12 PASSO
13 IGREJA DE SÃO PEDRO
14 CASA COLONIAL DO PÁTIO DE SÃO PEDRO
15 PASSO
16 ANTIGO MERCADO
17 RUÍNAS DO ANTIGO SENADO
18 CAPELA DO ALJUBE
19 ANTIGA CADEIA ECLESIÁSTICA E AGORA MUSEU DE ARTE CONTEMPORÂNEA
20 BICA DE SÃO PEDRO
21 IGREJA DE N. S.ª DA BOA HORA
22 PASSO
23 CASA COLONIAL DA RUA DO AMPARO
24 IGREJA DO BONFIM
25 CO-CATEDRAL
26 IGREJA DO CONVENTO DE SÃO FRANCISCO
27 ANTIGO SEMINÁRIO E ANTES COLÉGIO DOS JESUÍTAS
28 ANTIGO PALÁCIO EPISCOPAL
29 ESTAÇÃO METEOROLÓGICA
30 LOCAL ONDE DUARTE COELHO LEVANTOU O SEU CASTELO EM 1537
31 OBSERVATÓRIO ASTRONÔMICO
32 PASSO
33 IGREJA DA MISERICÓRDIA
34 CASA QUE NÃO FOI ATINGIDA PELO INCÊNDIO ATEADO À CIDADE PELOS HOLANDESES EM 1631
35 MUSEU GERAL DA CIDADE
36 CONVENTO DA CONCEIÇÃO
37 LOCAL DO ANTIGO HORTO DEL REI
38 IGREJA DO AMPARO
39 IGREJA DE N. S.ª DO ROSÁRIO
40 BICA DO ROSÁRIO
41 IGREJA DE SÃO JOÃO
42 MINA PALMIRA
43 IGREJA DE N. S.ª DE
44 CEMITÉRIO PÚBLICO
45 IGREJA DE N. S.ª DO MONTE
46 BICA DOS QUATRO CANTOS
47 CAPELA DO BOM SUCESSO

Ordem Terceira de São Francisco	120
Sepulturas Velhas	122
Outras Igrejas, Capelas e Passos	125
Palácio dos Bispos	126
Sinos	128
Calvinismo e Judaísmo	129
Procissões	131
Olinda Heroica	132
O Espírito Político de Olinda	134
O Primeiro Engenho de Açúcar	139
História Ecológica de Olinda	141
Casas Velhas	142
Outras Casas	145
Ainda Outros Sobrados	146
Outras Coisas de Interesse	148
Museus de Olinda	150
Darwin e Outros Estrangeiros Ilustres que Visitaram Olinda	152
Entre Olinda e o Recife	157
"A Ponta de Olinda"	158
Para o Interior	160
Literatura	162
Arte	164
Esporte	170
Escolas	171
Associações Beneficentes e de Cultura	173
Irmandades, Confrarias e Associações Católicas	175
Quitutes	176
Jardins Modernos	178
Jornais	180
Passarinhos, Galos de Briga, Papagaios	181
Fosforita	185
Pós-escrito	188
Apensos	195
Carnaval	195
Olinda em Dados	197
Biobibliografia de Gilberto Freyre	199

**UNITED NATIONS EDUCATIONAL,
SCIENTIFIC AND
CULTURAL ORGANIZATION**

**CONVENTION CONCERNING
THE PROTECTION OF THE WORLD
CULTURAL AND NATURAL
HERITAGE**

*The World Heritage Committee
has inscribed*

the Historic Centre of the Town of Olinda

on the World Heritage List

*Inscription on this List confirms the exceptional
and universal value of a cultural or
natural site which requires protection for the benefit
of all humanity*

DATE OF INSCRIPTION
17 December 1982

DIRECTOR-GENERAL
OF UNESCO

DIPLOMA DO RECONHECIMENTO DE OLINDA PELA UNESCO COMO PATRIMÔNIO CULTURAL DA HUMANIDADE

Nota Explicativa

♦

A edição ora publicada de *Olinda: 2º guia prático, histórico e sentimental de cidade brasileira* contou com o trabalho inestimável de Edson Nery da Fonseca, professor emérito da Universidade de Brasília, um dos maiores conhecedores da obra freyriana e morador da cidade de Olinda. Com a anuência da Fundação Gilberto Freyre, foram inseridos textos em itálico de autoria do Prof. Edson onde estão descritas as principais transformações pelas quais a cidade de Olinda passou desde a publicação da última edição deste *Guia*, em 1980. Além destes textos, a obra traz ao fim dois apensos – também em itálico – de autoria de Edson Nery da Fonseca: "Carnaval" e "Olinda em dados". Desta forma, procurou-se manter o caráter prático do *Guia*, sem que ele perdesse seu traço histórico e sentimental.

Ratificando seu compromisso com a cultura brasileira, a Global Editora publica esta edição atualizada de *Olinda: 2º guia prático, histórico e sentimental de cidade brasileira*, renovando seu propósito de contribuir para a divulgação das ideias do mestre de Apipucos.

Os editores

A Olinda materna de Gilberto Freyre

Guias de cidades existem muitos, alguns antigos – como os de Karl Baedeker e dos irmãos André e Edouard Michelin – e outros modernos, como os editados no Brasil pela *Folha de S.Paulo*. Mas os guias práticos, históricos e sentimentais foram inventados por Gilberto Freyre: é um de seus pioneirismos. Os guias do mesmo gênero para cidades norte-americanas e europeias são posteriores ao *Guia prático, histórico e sentimental da cidade do Recife,* escrito por Gilberto Freyre, ilustrado por Luís Jardim e publicado em 1934. Além de pioneiro no gênero, parece ter sido o primeiro livro brasileiro para bibliófilos, por sua tiragem limitada a 105 exemplares, impressos em papel Viladon-Montval e coloridos a mão pelo depois renomado pintor e escritor.

A primeira edição de *Olinda: 2º guia prático, histórico e sentimental de cidade brasileira,* aparecida em 1939, também se caracteriza como livro para bibliófilos: uma tiragem de 350 exemplares em papel Buffon cinzento-marrom e outra de 150 exemplares em papel *offset* cinza, todos assinados pelo autor e por Manoel Bandeira, artista descoberto por Gilberto Freyre em 1925, como ilustrador do *Livro do Nordeste.* Além dos maravilhosos bicos de pena de M. Bandeira, *Olinda* possui, em sua primeira edição, capitulares coloridas, vinhetas e fundos de lâmpada. É livro para ser lido e contemplado.

No *post scriptum* de *Olinda* Gilberto Freyre anunciava três outros guias práticos, históricos e sentimentais de cidades brasileiras que, infelizmente, não chegou a escrever: Belém do Pará, Salvador (que seriam ilustrados por Cícero Dias e Manoel Bandeira, respectivamente) e Rio de Janeiro, com fotografias da diplomata austríaca Maria Retschek. Embora não concretizado, este projeto bibliográfico mostra como Gilberto era um pernambucano que, em vez de fechar-se em seu provincianismo, estava amorosamente ligado às ilhas do arquipélago cultural brasileiro: capaz de amar tanto o Recife e Olinda como Belém, Salvador e o Rio de Janeiro. Lembre-se, a propósito, que muito antes de ter seus valores mais profundos exaltados por Ary Barroso e Dorival Caymmi, a Bahia inspirou a Gilberto Freyre a obra-prima que é o longo poema *Bahia de Todos os Santos e de quase todos os pecados,* escrito e publicado em 1926.

No guia do Recife Gilberto Freyre diz ao turista-leitor que não deixe de ir a Olinda, por ele considerada "mãe do Recife", e que, se tiver tempo, vá também a Igarassu, "que é" – acrescentou – "a avó". Desde menino ele se sentia atraído pela antiga capital de Pernambuco: tanto que aos seis anos fugiu da casa dos pais para refugiar-se com parentes radicados "na materna Olinda". Sempre considerou-se tanto recifense quanto olindense, seguindo o exemplo – explicava – da Santa Madre Igreja, que juntou as duas cidades ao criar, em 1678, o primeiro bispado de Pernambuco: junção que se conserva na posteriormente denominada Arquidiocese de Olinda e Recife. Em Olinda é que sempre esteve a catedral, tendo o Recife uma concatedral.

No livro *O Recife, sim! Recife, não!* – publicado no Rio de Janeiro por Arquimedes de Mello Neto, em 1967 – Gilberto Freyre recordou o poema no qual Manuel Bandeira fala de certa mulher que "tinha o rosto gordo de frente, magro de perfil" para mostrar, com esta imagem, que o Recife e Olinda são duas cidades numa: "o rosto gordo de frente é de Olinda; o perfil magro é do Recife". Entre os livros de Gilberto Freyre talvez seja o guia de Olinda aquele em que se manifesta com mais frequência o imagismo por ele herdado de sua amiga norte-americana Amy Lowell. Como observou Manuel Bandeira, "que assistem ao sociólogo Gilberto Freyre as virtualidades de um grande poeta é coisa que salta aos olhos em cada página de sua obra, já na pertinácia e graça de uma imagem, já na escolha de um adjetivo ou no gostoso número de um movimento rítmico". E acrescentou: "para Freyre não existem fronteiras rígidas entre a região da ciência e a da poesia..."

A poesia de que está impregnada a prosa freyriana, inspirou os poetas Manuel Bandeira, Mauro Mota, Lêdo Ivo, Thiago de Mello e César

Leal a desentranharem do guia de Olinda alguns dos poemas que figuram no livro de Freyre *Talvez poesia* (1962). O verbo *desentranhar* foi utilizado por Manuel Bandeira para caracterizar a redução a versos de trechos em prosa, ele mesmo exemplificando o processo com o "Poema desentranhado de uma prosa de Augusto Frederico Schmidt" (do livro *Lira dos cinquent'Anos)* e com "O homem e a morte" (romance desentranhado de um *Retrato da morte*, de Fidelino de Figueiredo – do livro *Belo belo*. César Leal a todos superou, com este belo poema citado por Mauro Mota no prefácio de *Talvez poesia*:

Praias com brancas areias
reclinadas sobre o mar,
águas verdes, verdes montes
com seus cumes dentro do ar.

Torre de Duarte Coelho
fundida no monte maior,
mais ainda há sete montes
de escalas em tom menor;

das quatro praias de Olinda
Milagres é a primeira;
ao norte, há mais três ainda:
Carmo, Farol e a terceira

que chamam de São Francisco
com seu hábito de areia,
eternamente tão limpa.
seja maré baixa ou cheia.

Olinda é pois esta soma
de coisas que não têm fim:
mulheres quase divinas,
praias e montes assim.

O livro *Olinda* é dedicado ao naturalista alemão Konrad Günther, professor da Universidade de Freiburg e autor do livro *Das Antlitz Brasilens*. O professor Günther foi hóspede dos beneditinos olindenses nos anos de 1923 e 1924 e ficou encantado com a antiga capital de Pernambuco. Gilberto Freyre tinha a edição inglesa de 1931 – *A naturalist in Brazil* – e cita abundantemente o livro do mestre de Freiburg, infelizmente nunca traduzido em nossa língua. No capítulo dedicado à luz de Olinda Freyre pergunta: "Que luz é esta – a que dá a estes montes, a estas praias, a estas águas, e às suas casas, às suas igrejas, às suas barcaças a vela, uma doçura que nem toda a luz tropical dá às coisas e aos homens? Que faz dizer um homem de ciência alemão, e homem de ciência viajado, conhecedor de outras terras dos trópicos: 'quem sentiu uma vez o encanto desta luz se sentirá sempre tentado a voltar a estas latitudes'?". E acrescenta: "será por causa dela – dessa luz – que 'os habitantes desta parte do Brasil são tão fiéis ao seu torrão', reparou o alemão de sua cadeira de balanço no Mosteiro de São Bento".

Além de Günther, muitos outros autores são citados por Gilberto Freyre no livro *Olinda*: estrangeiros – como o padre Montoya, o astrônomo Emmanuel Liais, Maria Graham, Tollenare e Gardner – portugueses como Ramalho Ortigão – que visitou Olinda em companhia de Joaquim Nabuco – e brasileiros como Frei Vicente do Salvador, Dom Domingos de Loreto Couto, Pereira da Costa, Varnhagen, Alfredo de Carvalho, Vital de Oliveira e Phaelante da Câmara. O livro também é fruto de muita pesquisa em arquivos e naquela importante fonte descoberta por Freyre em seus estudos históricos e antropológicos: os anúncios de jornais. Mas como no prefácio à primeira edição de *Casa-grande & senzala* ele já definira o estudo do passado como "uma aventura de sensibilidade, não apenas um esforço de pesquisas pelos arquivos", o que mais contribuiu para a redação do guia de Olinda foram seus contactos pessoais com a cidade: "sua vida, sua gente, suas árvores, seus montes, suas praias, seu folclore, sua tradição oral, seus mexericos de sacristia e de rua, suas casas, igrejas e conventos velhos".

Depois de edição príncipe de 1939, o livro *Olinda* foi reeditado em 1944 como volume 44 da Coleção Documentos Brasileiros da Livraria Editora José Olympio, então dirigida por Octavio Tarquínio de Souza. Em

1960 apareceu a terceira edição, como parte das Obras Reunidas de Gilberto Freyre, 1ª série, também pela José Olympio. A quarta edição é de 1968, ainda com o selo da José Olympio, incluindo, além das ilustrações de M. Bandeira, um mapa turístico da pintora Rosa Maria e "selecionada documentação fotográfica".

Nestes quase quarenta anos que se passaram desde a quarta edição era natural que Olinda se desenvolvesse, o que ocorreu nem sempre para melhor. Podemos dizer da antiga capital de Pernambuco o que Gilberto Freyre afirmou do Recife: ela não cresceu propriamente, mas *inchou*, porque o crescimento foi patológico: aumento desordenado da população, miséria, desemprego, favelas por todos os lados, com a consequente poluição do rio Beberibe e seus afluentes. São problemas que pedem solução nacional e até internacional, pois o Sítio Histórico da cidade foi tombado, em 1968, pelo Instituto do Patrimônio Histórico e Artístico Nacional, reconhecido, pela Unesco como Patrimônio Natural e Cultural da Humanidade, em dezembro de 1982, sendo, no ano corrente, Capital Brasileira da cultura, de acordo com o termo de parceria firmado entre o Município e a ONG CBC (Capital Brasileira da Cultura).

Prefeita de Olinda desde 2001, a engenheira Luciana Santos vem enfrentando todos os problemas da cidade, com projetos aprovados por fontes financiadoras nacionais e internacionais. Mercê destaque o Plano de Reabilitação do Sítio Histórico de Olinda, integrante do Programa Monumenta/BID, que inclui, entre outros projetos, a recuperação do Forte de São Francisco (também conhecido como Fortim ou Forte do Queijo), a criação de um Centro de Convenções no antigo Cine Olinda, integrado no Clube Atlântico, do Largo do Cruzeiro em frente à igreja de Nossa Senhora das Neves e ao Convento de São Francisco, a restauração do Observatório da Sé, a construção de um anexo ao Museu Regional, o restauro das igrejas do Carmo, do Amparo e de Nossa Senhora do Rosário dos Homens Pretos, o controle do acesso, circulação e estacionamento de veículos. A Prefeitura de Olinda está fazendo parcerias com as empresas concessionárias de energia elétrica, telefonia e TV a cabo, para embutimento das fiações e eliminação do posteamento, tendo já inaugurado, com a colaboração da Celpe, o primeiro trecho de iluminação de algumas ruas do Sítio Histórico.

Para que este guia continue a ser prático e não apenas histórico e sentimental, fornecemos, no fim de alguns capítulos, informações atualizadas, impressas em itálico. A Secretaria de Planejamento, Transporte e Meio Ambiente da Prefeitura de Olinda produziu o importante documento *Olinda em dados,* do qual retiramos informações de interesse para o turista curioso, que figuram em outro apenso a esta edição do guia de Olinda. Agradeço ao arquiteto Petrônio Cunha e ao economista Clovis Cavalcanti as preciosas informações que muito me ajudaram na atualização do texto de Gilberto Freyre.

EDSON NERY DA FONSECA

é professor emérito da Universidade de Brasília e pesquisador emérito da Fundação Joaquim Nabuco. Nasceu no Recife em 1921, viveu em Brasília de 1960 a 1991 e reside em Olinda desde que se aposentou por limite de idade. Começou a ler Gilberto Freyre em 1940 e dele se aproximou no ano seguinte, tornando-se seu amigo e compadre. É autor das obras *Um livro completa meio século* (Massangana, 1983), *Gilberto Freyre de A a Z* (Zé Mário Editor, 2002) e *Em torno de Gilberto Freyre* (no prelo). Foi coautor do roteiro e narrador dos quatro documentários sobre Gilberto Freyre e sua obra-mestra – *Casa-grande & senzala* – filmados por Nelson Pereira dos Santos. É compilador da cronologia da vida e da obra de Gilberto Freyre que aparece nas edições freyrianas da Global Editora.

Prefácio à 5ª Edição

◆

Neste prefácio a nova edição de *Olinda: 2º guia prático, histórico e sentimental de cidade brasileira*, o autor deseja advertir haver-se eliminado do texto o que, em edições anteriores, vinha sendo de tal modo circunstancial que não se justificava sua conservação. Trata-se de omissões circunstanciais – horas, preços, nomes – possíveis de ser substituídas por indagações orais: quanto custa ir-se de ônibus ou de táxi de Olinda a Igarassu, por exemplo. O *Guia* deixa de ser de todo prático, é certo. Mas dá oportunidade ao turista de entrar em contato com o homem de rua olindense: um homem de rua que, mesmo quando humilde, tem alguma coisa de fidalgo. E quase sempre conhece bem sua Olinda. E, tanto quanto possível, nestes dias de inflação, pode informar sobre preços correntes e sempre em rápidas mudanças.

O que, por sugestão de amigos, o autor volta a lembrar neste *Guia*, é um ou outro informe de sabor, ao mesmo tempo que histórico, sentimental. Por exemplo, à base do livro admirável que é a biografia de José de Alencar por Luís Viana Filho, insistir em ligar a Olinda o autor de *Iracema*. Estudou ele Direito em Olinda ("havendo viajado na escuna a vela Laura, em dois de maio de 1848"), no Curso Jurídico, então no Mosteiro de São Bento. Vinha de São Paulo. E como em São Paulo, mergulhou logo na Biblioteca da Faculdade: "varrida de ventos, a cavaleiro do mar, as salas amplas". Mais: "Sabe-se ter devorado em Olinda os romances marítimos de Walter Scott e Cooper. E lido o que lhe faltava de Dumas, Balzac, Arlincourt, Soulie e Eugène Sue".

Estes os momentos doces de Alencar em Olinda. Viriam os amargos. Pois foi no velho burgo que lhe apareceu a tísica, como então se dizia. E o tísico só e ainda sem amigos. Apenas certo Henrique Cavarim. Mas não será que de Olinda, do alto do Mosteiro de São Bento, o romântico cearense pôde sentir, do mar, verdes e azuis, sob aquelas luzes que tanto encantariam o naturalista alemão Guenther, quase tão poeta como Alencar?

Anuncia-se que está para ser inaugurado em Olinda um hotel "Quatro Rodas" que, se for semelhante ao do Maranhão, será uma delícia de hotel ao mesmo tempo que moderno, ecologicamente tropical: quase debruçado sobre esses verdes e azuis de mar. O que torna oportuno cuidar-se desde já – quem? O Prefeito de Olinda? O Governador de Pernambuco? Os próprios Civitas? – da publicação de uma tradução inglesa por certo Mr. Goodland, um também romântico seduzido pelo trópico que na Guiana então inglesa, tendo lido este *Guia*, em português, resolveu vir morar, com a esposa, em Olinda, em velho e bom sobrado. E em Olinda fixou-se, embora incomodado por ladrões e não apenas por muriçocas. E em Olinda traduziu para sua língua ainda quase imperial, este *Guia*. O autor leu a tradução. É bom e honesto trabalho de inglês repita-se que romântico e que, não tendo encontrado editor, resolveu dedicar seu lazer olindense a outro esforço: o de traduzir *Macunaíma*, de Mário de Andrade, para o inglês. Outro bom trabalho a ser concluído breve.

Mas o meu clamor, neste prefácio, é a favor da publicação da tradução inglesa deste *Guia*. Quem ouvirá esse apelo a favor de Olinda? Talvez nem Prefeito nem Governador nestes dias de poucas verbas oficiais para casas de cultura e de arte. Nem mesmo o ilustre Secretário da Secretaria para a Defesa da Memória Nacional, que, aliás, tem casa em Olinda, embora obrigado a permanecer quase todo o seu tempo na superburocrática Brasília: Aloísio Magalhães. Um Aloísio Magalhães que é autor de belos desenhos em que são amorosamente fixados aspectos de Olinda.

Sugestão: por que não publicar-se este *Guia* em língua inglesa – os Civitas talvez possam antecipar-se a lentos poderes burocráticos no sentido dessa imediata publicação – com os desenhos de Mestre Magalhães como ilustrações? Ilustrações magníficas. Que os Civitas entendam-se quanto antes com Mr. Goodland. Antes do romântico transferir-se para Angra dos Reis, desinteressando-se de Olinda e talvez do trabalho já realizado de tradução deste *Guia*. Os românticos são por vezes impulsivos. Impetuosos. E num ímpeto, Mr. Goodland pode até estraçalhar o trabalho de tradução para o qual não conseguiu editor.

APIPUCOS, OUTUBRO 1980
G.F.

Olinda

2º Guia Prático, Histórico e Sentimental de Cidade Brasileira

*Hern Professor Konrad Günther,
der Olinda kennt und liebt.*

O Nome

IZ-SE que foi assim: que "hum Gallego criado de Duarte Coelho [...] andando com outros por entre o mato buscando o sitio em que se edificasse [a vila], achando este que he em hum monte alto, disse com exclamação e alegria, Olinda". Foi esta a tradição que Frei Vicente do Salvador recolheu nas notas de *História do Brasil* que acabou de escrever no ano de 1627.

Outro frade, o beneditino Dom Domingos de Loreto Couto e, depois dele, o inglês Southey, afirmam, em seus escritos, que foi o próprio Duarte Coelho, primeiro donatário de Pernambuco, que exclamou diante do monte: "Ó linda situaçam para se fundar huma villa!" *Oh! linda* teria se aquietado em *Olinda*.

Mas veio Varnhagen, com seus cuidados de quem quer a História uma horta burguesa, limpa de toda imaginação poética e de toda tradição popular e sugeriu que o nome de Olinda talvez fosse o de alguma quinta, casa ou burgo de Portugal que o primeiro senhor da Nova Lusitânia quisera perpetuar no Brasil. Olinda, lembrou ainda mestre Varnhagen, era o nome de uma das belas damas da novela *Amadis de Gaula,* cuja leitura estava muito em voga em Portugal nos primeiros tempos da colonização do Brasil.

Alfredo de Carvalho reforçou anos depois os argumentos do mestre de Sorocaba recordando que perto de Lisboa existem lugares com os nomes de Linda-a-Pastora e Linda-a-Velha. Pesquisadores portugueses mais novos vão além: sugerem que o nome Olinda talvez seja árabe.

Qualquer das origens sugeridas para o nome de Olinda me parece que tem seu quê de poético – mesmo a que oferece o prosaico Varnhagen. Afinal, dar-se ao lugar onde se vai levantar uma vila no Brasil de 1500 o velho nome de uma freguesia, de uma casa ou de uma quinta de Portugal é prova de muito bom sentimento e de apego saudoso à casa antiga ou ao sítio pequeno que se deixou em busca de fortuna ou glória nos ermos da América.

E se o nome tiver sido tirado da novela *Amadis de Gaula*, e tirado de lá pelo próprio donatário, em que todos nos habituamos a ver o homem seco e sisudo de suas cartas a el-Rei, sem outra figura de mulher na vida

BRASÃO DE DUARTE COELHO

senão a da esposa, mulher sólida que nesta mesma Olinda substituiria o marido no governo da Nova Lusitânia, em pleno meado do século XVI, tendo sido a primeira mulher a governar capitania ou colônia na América? Se o nome de Olinda tiver sido expressão de lirismo não de um galego qualquer vagando entre os cajueiros da praia, mas do próprio patriarca da colonização portuguesa desta parte da América, o qual tendo lido a novela famosa se apaixonara pela figura e pelo nome da heroína? Olinda talvez seja isto: um nome de mulher. Um nome de heroína de novela lida pelo seu fundador. Fundador de quem se deve notar que seu brasão era dominado pela figura simbólica de um leão, daí talvez resultando vir Pernambuco sendo conhecido como o "Leão do Norte". Olinda seria a cidade-princesa – da expressão de mais de um orador ilustre – guardada por esse leão heráldico. Olinda ou Marim.

Pois há também a tradição de um nome indígena: *Marim,* segundo uns; *Mirim,* segundo outros. *Marim* seria uma corruptela de *Barim,* que quer dizer coxo. Em luta contra os índios, Duarte Coelho teria sido ferido numa perna e se tornado coxo. Daí os indígenas chamarem a vila portuguesa de *Barim*: vila do coxo. *Mirim* toda gente sabe que quer dizer pequeno ou pequena. E em algumas escrituras mais antigas Olinda aparece designada pela expressão *Vila Mirim,* isto é, vila pequena.

A Situação

ERDADEIRA ou não a história do donatário português ou a do seu criado galego gritando "oh! linda!", a situação da cidade fundada por Duarte Coelho é realmente linda. É uma cidade de montes. Mas nenhum tão alto que seja uma penitência subir devagar, num fim tranquilo de tarde pernambucana, à Igreja da Misericórdia, à Sé, ao Convento dos Franciscanos, ao antigo Colégio dos Jesuítas e depois Seminário; ou ao velho e simples solar dos bispos, com sua varanda toda revestida de azulejos, espécie de tribuna aberta aos clamores do povo aonde outrora deve ter ido muito cristão desesperado da justiça do século queixar-se à do bispo.

Por que a justiça do século andou nesta antiga Capitania, como depois – ai de nós! – na Província e no Estado, muito rasteira, alguns juízes fazendo das togas uns tapetes; outros, uns sacos de juntar dinheiro. Pelo que houve um pernambucano que não se conteve: saiu certo dia de casa e foi bradar na praça pública, nesta ilustre cidade de Olinda, que a justiça aqui estava morta; era preciso sepultá-la. "Onde estão os irmãos da Santa Casa de Misericórdia" – perguntou ele – "que vendo a justiça ser já morta de todo em Pernambuco sem haver quem a enterre, não acodem eles a dar-lhes sepultura?"

Quem subir pela primeira vez uma rua velha de Olinda que se lembre de tão grande esquisitão dos tempos coloniais; que se lembre também dos desesperados da justiça do século que outrora subiram estas mesmas ruas para se queixar ao bispo; que se lembre dos outros homens que há quatro séculos sobem estas ladeiras. Uns para ouvir missa em São Francisco. Outros para se confessar em São Bento. Alguns de pés descalços, por penitência, sob o sol cru do meio-dia pernambucano, ferindo-se nas pedras, arranhando-se nos espinhos, queimando-se nas areias zangadas – de tarde, tão doces – e nas urtigas-brancas dos montes. Ainda outros só para comprar doces às religiosas de Nossa Senhora da Conceição. E agora você, turista, para gozar a paisagem e a tradição. Outra forma de devoção e ao mesmo tempo de gula. Já encontra os caminhos amaciados pelos pés de muitas gerações de devotos e de gulosos em busca dos conventos, das igrejas e dos sobrados velhos dos altos.

Igreja de São Pedro

Há quatro séculos que os pés de outras gerações amaciam estes caminhos para você, turista de 1939, de 1944, de 1960, de 1968 e de 1969.

Não há perto do Recife melhor situação donde se gozar a paisagem deste pedaço do Brasil cheio de coqueiros e de igrejas antigas, de cajueiros e de casas velhas, de mangueiras vindas da Índia e de jangadas partindo da praia para o mar, do que os altos de Olinda.

Quando Ramalho Ortigão passou por Pernambuco quem o recebeu no Recife foi Joaquim Nabuco. Foram juntos a Olinda. Do alto de um dos montes – o alto da Sé que emenda com o da Misericórdia – é que Nabuco quis que o escritor português visse a paisagem de Pernambuco. Do Pernambuco de que o grande brasileiro dissera um dia: "A alma de Pernambuco, se a atual geração de pernambucanos, esquecendo três séculos de vida local, própria e distinta, renunciasse a ela, estaria... nas nossas praias, nas nossas árvores". Nas "mangueiras, cajueiros, coqueiros e jaqueiras". Faltou dizer nos nossos montes: nos de Olinda, nos Guararapes, no das Tabocas, no do Arraial.

A paisagem que Nabuco escolheu para os olhos de Ortigão não é, decerto, e ele próprio o salientou, "um panorama em amplidão como o do Corcovado"; nem "uma dessas vistas de altura nas quais o mar fica tão baixo aos pés do espectador que perde o movimento e a vida..." A paisagem brasileira que se vê dos altos de Olinda está longe de ter a grandiosidade das do Rio de Janeiro ou das serras entre Santos e São Paulo; ou dos arredores de Belo Horizonte. Ou a amplidão das paisagens amazônicas. Não nos subjuga com nenhuma dessas imponências que dissolvem o espectador num universal tão vago que ele perde de vista a forma regional das casas, as linhas tradicionais das igrejas, o perfil histórico das fortalezas velhas, o sentido nacional das ruínas. Os altos de Olinda não nos afastam da História do Brasil, mas, ao contrário, nos tornam mais impregnados dela. Toda a larga fatia de paisagem brasileira que o olhar recorta do alto da Sé ou da Misericórdia – tão larga que alcança o farol de Santo Agostinho – é um pedaço de natureza tropical salpicado de vitórias dos homens sobre as cousas brutas; dos portugueses sobre as selvas. Igrejas branquejando entre os cajueiros. Casas. Faróis. Fontes. Barcaças. Restos de fortalezas e de engenhos. Bueiros de fábricas. Mucambos de pescadores. E não apenas as velas brancas das jangadas em que Nabuco enxergou "penas destacadas das grandes asas da coragem e do sacrifício e também da necessidade humana".

Mais do que isso, é uma paisagem, a que se vê dos altos de Olinda, que o próprio homem completa. Pelas ladeiras, meninos empinando papagaios.

Mulheres de encarnado apanhando gravetos. Homens pescando pelos mangues. Negros velhos pegando caranguejo pela lama também preta. Frades franciscanos a caminho do convento. E cada figura dessas, em vez de uma intrusão, parece tão necessária à paisagem quanto as igrejas, as casas, as jangadas, os coqueiros, os cajueiros, as águas, as barcaças – uma delas tão próxima de nós que se lê sem muito esforço o seu nome: *Tabu*. Tudo se irmana franciscanamente para completar essa paisagem ao mesmo tempo cristã e brasileira.

Dos altos de Olinda, deixa-se ver hoje em conjunto tudo que tem se unido para a formação do Brasil através de quatrocentos anos: desde os rios pequenos aos bueiros de fábricas. Desde as canoas dos índios aos caminhões americanos.

Mas a situação de Olinda tem outro sentido: um sentido dinâmico. Pela sua situação, não só bonita como ousada, esta velha cidade foi um dos primeiros pontos de afirmação do Brasil contra o gentio hostil. Duarte Coelho, desde os primeiros dias, no alto onde depois se edificaram as primeiras igrejas e casas e que foi o da Sé – "fez huma torre de pedra e cal [...] onde muytos annos teve grandes trabalhos de guerra com o gentio e os francezes que em sua companhia andavão e dos quaes foi cercado muytas vezes, mal ferido e muy apertado onde lhe matarão muyta gente [...]".

Pela sua situação não só linda como exposta ao olhar dos piratas, Olinda foi um dos pontos do Brasil que mais sofreram ataques de estrangeiros nos séculos XVI e XVII. Mas resistindo sempre. Sobrevivendo ao saque e ao incêndio. Ostentando ainda hoje algumas das casas e das igrejas mais velhas da América. Deixando-se ver de longe pelos navegantes, pelos nortistas que voltam ao Norte, pelos poetas.

Os navegantes veem Olinda de longe; mas os outros também: com o olhar aguçado não pela ciência mas pela saudade ou pelo lirismo. Pedro de Calasãs viu Olinda a distância:

Eis Olinda gentil!
Como ninfa deitada nas montanhas.

E outro poeta:

Cercada de gentis palmeiras [...]
[...] *sobre verdes colinas que lhe dão encanto.*

Antigo Seminário

Mas nunca nenhum poeta brasileiro dos grandes cantou Olinda, como Manuel Bandeira o Recife, como Mário de Andrade, Belo Horizonte.

Pelos navegantes, fale um técnico do século XIX: Vital de Oliveira. "Olinda, do mar" – diz ele – "pode ser vista e reconhecida na distância de 5 a 7 milhas. Colocada a cidade no mais alto do outeiro sobranceiro à praia, o panorama que oferece esse ponte da costa é, por certo, lindo..." O técnico não se contém: insensivelmente repete o lírico da lenda ou da tradição: Ó linda!

Vista nas tardes de sol Olinda também é bonita. Praias muito brancas. Montes verdes. O monte principal: o da torre de Duarte Coelho e depois da Sé. Para o lado do norte, mais sete ou oito montes. A primeira praia é a dos Milagres. Para o norte, mais três praias grandes: Carmo, São Francisco, Farol. Umas curvando-se para receber o mar, outras parecendo resistir às ondas. Praias e montes: nisto pode simplificar-se Olinda. As corografias se estendem em detalhes mas a ladainha de todos os autores é esta: "Olinda [...] situada à beira do mar sobre os montes [...]". "Olinda [...] baixa junto à costa, e logo ondulada de montes." Olinda: quatro praias e oito montes.

A Situação

Em 1969 publicou-se postumamente o Livro geral *do grande poeta Carlos Pena Filho (1930-1962) que inclui o poema "Olinda", dedicado a Gilberto Freyre. Dele reproduzimos esta bela estrofe, que muitos olindenses sabem de cor: "Olinda é só para os olhos,/ não se apalpa, é só desejo./ Ninguém diz: é lá que eu moro./ Diz somente: é lá que eu vejo". Em 1971 foram publicadas as* Poesias completas *do também grande Joaquim Cardozo (1897-1978), outro apaixonado por Olinda; tanto que, tendo vivido no Rio de Janeiro por circunstâncias alheias à sua vontade, fez questão de morrer em Olinda: "Neste silêncio, neste grande silêncio,/ No terraço da Sé,/ Sentindo a tarde vir do mar, tão doce e religiosa/ Como a alma celestial de S. Francisco de Assis". Assim termina seu poema "Olinda", escrito em 1925. Nove anos depois ele escreveu no poema "Recordações de Tramataia": "Se eu morresse agora,/ Se eu morresse precisamente/ Neste momento,/ Duas boas lembranças levaria:/ A visão do mar do alto da Misericórdia de Olinda no nascer do verão/ E a saudade de Josefa,/ A pequena namorada do meu amigo de Tramataia". Da chamada Geração de 65 é o poeta Jaci Bezerra, alagoano pernambucanizado, fundador das Edições Pirata, pelas quais publicou, em 1982, o* Livro de Olinda *reeditado em 1997 pela Ateliê, de Cotia, SP.*

O Rio

RAIAS, montes e o Rio Beberibe. O rio não pode ser esquecido. Ele adoça como nenhum outro elemento da natureza tropical a fisionomia do trecho de terra brasileira que os indígenas chamavam Marim ou Mirim e os portugueses denominaram Olinda. Segundo uns, o nome de "Beberibe" quer dizer, na língua dos índios, "lugar onde cresce a cana". O padre Montoya diz que é nome composto de *bebe* – voar, e *ribe* – em bando. Alfredo de Carvalho, no seu *O tupi na corografia pernambucana,* diz que Beberibe é corruptela de *laberi-i*: rio das raias ou peixes chatos. Os especialistas em tupi raramente estão de acordo sobre a origem dos nomes indígenas de lugares e de rios do Brasil. Cada um inventa uma.

O Rio Beberibe desce até Olinda de um pequeno olho-d'água do lugar Cabeça de Cavalo. Antes de chegar a Olinda banha vários sítios, outrora cheios de matas, de frutas e de passarinhos: Pimenteiras, Quibuca, Passagem das Moças, Passarinho. Chegando a Olinda volta-se para o sul, seguindo, ao longo do istmo nem sempre istmo, para o Recife, até encontrar-se com o Capibaribe.

São os dois rios mais cheios de tradições de Pernambuco. O Capibaribe mais dramático: mais ligado a engenhos grandes, a canaviais, ao esplendor de casas senhoriais, a senzalas, aos horrores da escravidão, ao abolicionismo, a crimes, a cheias, a raptos de moças, a revoluções. O Beberibe mais lírico: ligado menos a engenhos grandes que a sítios e baixas de capim; que a troças e banhos de estudantes de Olinda; que a passeios alegres de rapazes do Recife com atrizes, cantoras e cômicas. Um desses rapazes diz a tradição que foi Castro Alves.

Sua água foi famosa. Não só para beber como para banho e para lavar roupa. Hoje é água contaminada pela esquistossomose; e à espera de sua redenção pela ciência dos sanitaristas.

Os próprios carmelitas descalços de Santa Teresa, na sua maioria reinois, tinham nas águas do Beberibe "um delicioso banheiro coberto" que Tollenare visitou em 1816.

Por muito tempo o bom rio deu de beber não só a Olinda como ao Recife, para onde a água do Beberibe vinha em canoas. Modernizado o abastecimento de água do Recife, foi ainda o Beberibe, por muitos anos, a fonte que deu de beber aos recifenses.

Bica de São Pedro

O Mar

TAMBÉM do mar que se vê de Olinda pode-se dizer: oh! lindo! Ele faz parte da história da velha cidade, que é uma das mais talássicas do Brasil.

Do seu quarto no Mosteiro de São Bento – que tinha nesse tempo (1923-1924) como abade não um secarrão qualquer, porém o bom Dom Pedro Roeser, que ficou para sempre ligado à história de Olinda pela sua piedade – o naturalista alemão Konrad Guenther, professor na Universidade de Freiburg e autor do livro *Das Antlitz Brasiliens,* deliciou-se muitas vezes em olhar para o mar. Simplesmente nisto: em olhar para o mar. E ele diz que mesmo depois de quase um ano de Pernambuco, a vista do mar olhado ou contemplado de Olinda continuava a oferecer-lhe todo santo dia alguma coisa de novo e de maravilhoso. Nunca era a mesma. Mudava com a luz. Mudava de cor como diamante. Viu roxos e vermelhos sobre o azul ou o verde da água salgada. Viu às vezes essa água tão cheia de cor como se não fosse água mas "uma irradiação de éter".

Konrad Guenther: outro cientista que Olinda transformou em poeta.

Não foi o primeiro e nem será o último. Ficou poeta só pelo que seus olhos viram. Não chegou a saber que estas águas que se veem dos altos de Olinda estão quase tão cheias de lenda como as do velho Reno. Que bem ao norte de Olinda navegadores do século XVI descobriram um rio a que chamaram dos Monstros (depois Rio Igaraçu ou Iguaraçu), por terem visto monstros em suas águas esverdeadas. Monstros marinhos. Monstros de braços cabeludos, mãos da forma de pés de pato, corpo coberto de pelos, cabelos longos, o corpo delgado; e que, ao "saltarem à água como rãs, mostravam as traseiras partes semelhantes às dos monos e quiçá com peludas caudas".

Outros monstros destas águas tinham a forma de cavalos: uma espécie dos cavalos-marinhos que hoje o turista, homem em geral de pouca fé, só poderá ver nas festas populares dos arredores de Olinda, feitos de pano e arame. Porque o turista desde já tome note do seguinte: Paulista, perto de Olinda, foi nos últimos anos um dos centros de revivescência folclórica mais fortes e interessantes do Brasil, destacando-se o seu formidável maracatu com 420 figuras. Teve também "cavalo-marinho", "bumba meu boi" e "pastoril" famosos. E famosos galos de briga. E não apenas cavalos de corrida de renome mundial.

AMARO BRANCO

A Luz

NÃO se pode falar de Olinda, esquecendo sua luz. Não a sua luz elétrica: mas a sua luz de sol. É ela que dá às águas do mar que se veem do alto de qualquer dos oito montes de Olinda e aos montes da cidade que se veem do alto-mar, vindo de vapor da Europa ou dos Estados Unidos, do Norte ou do Sul do Brasil, a riqueza extraordinária de cor que encantou ao alemão Guenther e já tinha encantado o pernambucano Joaquim Nabuco.

Para Nabuco, a beleza de Pernambuco vinha principalmente de sua luz. Tudo que ele exalta, em página célebre, na paisagem de Pernambuco, em geral, e na de Olinda, em particular, é efeito de luz: o céu que não é o mesmo um minuto; o mar que está sempre mudando de cor; "o brilho metálico do espanador de coqueiros"; "a sombra rendada das jaqueiras e mangueiras".

É ainda a luz que deixa ver o fundo da areia do Beberibe tornando outrora tão gostosos os seus banhos. Que dá vida às ruínas sufocadas pelos matos. Que dá brilho aos azulejos velhos das sacristias, dos corredores de convento, das frentes dos sobrados, mas não deixa que eles nos doam cruamente nos olhos. Que não deixa que os vultos dos mosteiros e das igrejas dominem Olinda com abafados de sombras duras, negras e tiranicamente clericais, povoadas de corujas e morcegos, mas que adoça-as em sombras tão boas que não há, no meio delas, quem se sinta brasileiro sem se sentir, ao menos por um instante, ou, pelo menos, franciscanamente, católico.

Não só as árvores como os passarinhos e as crianças têm em Olinda uma intimidade com as igrejas velhas que em poucos lugares será tão grande; e tudo por causa da luz que faz a natureza estar sempre refrescando a tradição; que dá coragem às lagartixas para passearem pelos pés dos São Bentos mais sisudos; coragem aos passarinhos para pousarem nos São Josés dos altares, nas próprias coroas de ouro das Nossas Senhoras.

Que luz é esta – a que dá a estes montes, a estas praias, a estas águas, e às suas casas, às suas igrejas, às suas barcaças a vela, uma doçura

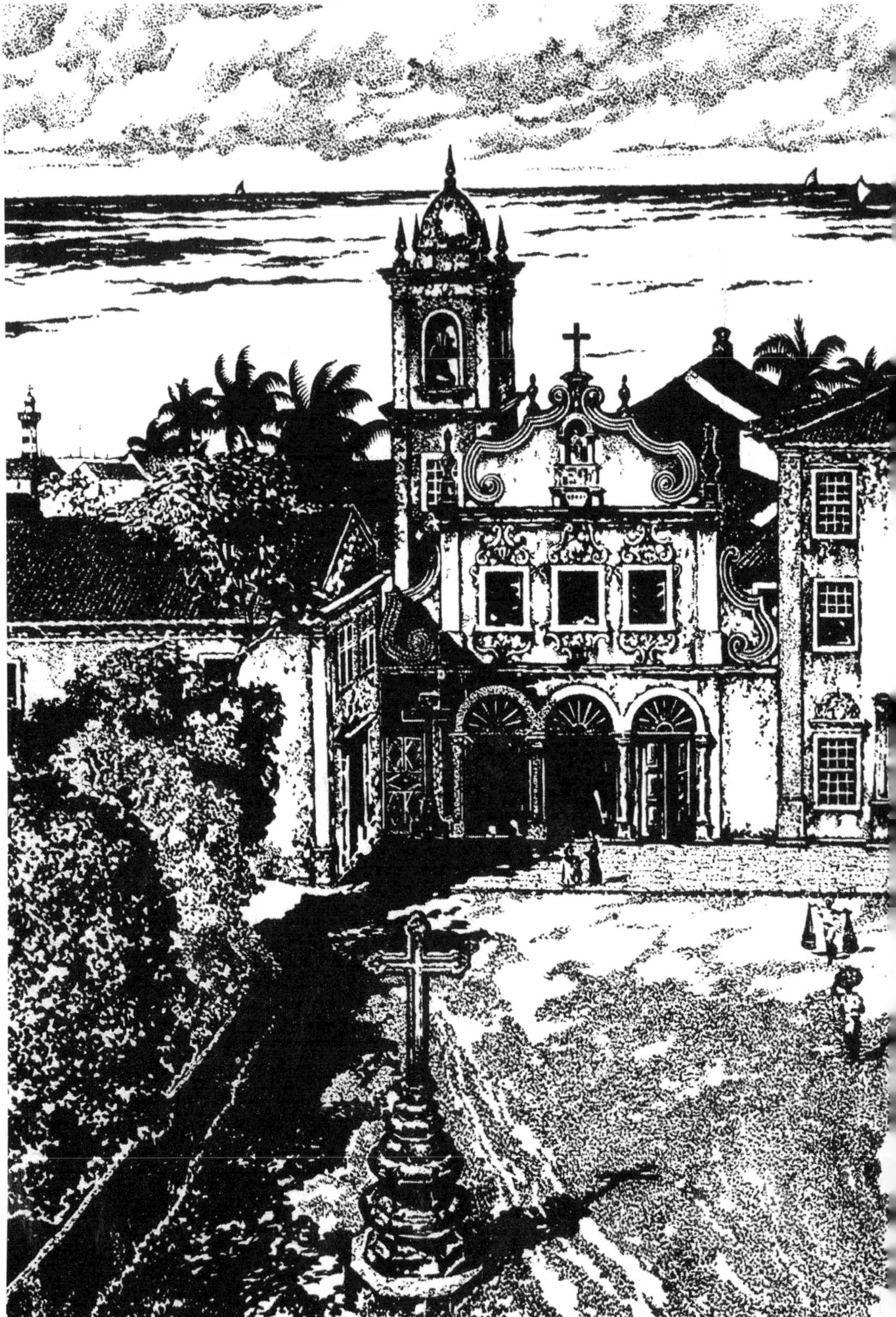

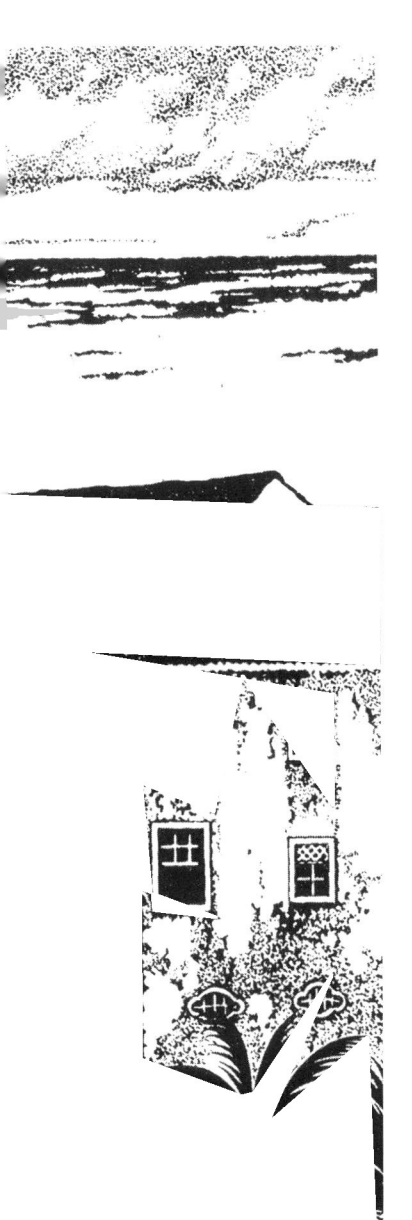

PORTÃO DA SÉ

CONVENTO DE SÃO FRANCISCO

que nem toda luz tropical dá às coisas e aos homens? Que faz dizer um homem de ciência alemão, e homem de ciência viajado, conhecedor de outras terras dos trópicos: "quem sentiu uma vez o encanto desta luz se sentirá sempre tentado a voltar a estas latitudes?" Será por causa dela – dessa luz – que "os habitantes desta parte do Brasil são tão fiéis ao seu torrão", reparou o alemão de sua cadeira de balanço no Mosteiro de São Bento.

A luz do sol no Brasil – escreve ainda o Professor Guenther, referindo-se principalmente a Pernambuco – "parece ter uma qualidade diferente da luz do sol na Índia". É que na Índia – observou ele – os raios amarelos parecem ser predominantes. Daí ser preciso, quando se tiram fotografias, dar exposição mais longa do que no Brasil ou na Europa.

O Vento

PROFESSOR GUENTHER esteve hospedado no Mosteiro de São Bento e viveu em Olinda vida quase de monge beneditino. Mas seu jeito é de franciscano: desses que de verdade se sentem irmãos do sol, da água, das árvores, dos bichos. Ele confessa que uma de suas alegrias em Olinda era largar-se do convento para ir deitar-se, com muito pouca roupa, na areia da praia, e aí se expor às carícias do que chama *trade wind*. Lirismo franciscano do bom.

As carícias de vento do mar nas praias do Nordeste são um dos encantos da vida neste trecho do litoral brasileiro. Tem-se a impressão de um vento soprado pelas bochechas enormes de algum gênio bom, dando um tempero de sal e um sabor de sargaço aos frutos, às verduras e aos matos dos trechos de terra que ele quer proteger, animando tudo de iodo. Tornando certas cidades, talássicas: influenciadas pelo mar.

Olinda é uma cidade influenciada pelo mar. Ela se entrega aos ventos do mar: não se esconde deles como grande parte do Recife. Entrega-se aos ventos do Norte e do Sul. É verdade que são ventos sempre amigos. Nunca se encrespam em ventos de *tornado*. Nos seus dias mais zangados, que são em agosto, escancaram portas, quebram vidros, aperreiam as donas de casa. Mas é só. Deixam às águas do mar o papel de vilão no drama em que as terras de Olinda vêm sendo terras mártires.

Guenther, depois de viver no Mosteiro Beneditino de Olinda, no do Rio, no de São Paulo, anotando temperaturas, conclui que o calor dos meses de verão era mais fácil de suportar em Pernambuco do que no Rio de Janeiro. Isto por causa do que chama *trade wind*.

Em agosto, os ventos amigos de Pernambuco sopram forte sobre Olinda e o resto da costa pernambucana. Sopram sudeste. No verão sopram nordeste. Mas nunca deixam de soprar, refrescando o ar parado, oleoso, grosso da terra tropical; tornando-o mais fino e puro; dando a quem está nos montes e nas praias de Olinda aquela "sensação agradável de banho" a que se refere Joaquim Nabuco. Porque não é outro senão o *trade wind* de Guenther que Nabuco elogia: "a brisa constante que faz desta cidade, mesmo no verão mais rigoroso, um paraíso ao lado da tacha em que coze a cidade do Rio" e que nos dias de mais sol nos dá "sobre o fundo do ardor tropical uma sensação agradável de banho".

Igreja de Nossa Senhora da Boa Hora

As Praias

SÓ PARECE que foi das praias de Olinda que o poeta escreveu: "estas praias de límpidas areias".

Nas areias das praias de Olinda se tem escrito muito verso; e nelas muito bacharel traçou nos princípios de 1900, a ponta de bengala, muita súplica, lamentação ou declaração de namorado: "amo-te", "não me desprezes, ingrata!" e "olha para mim, Irene!" Tudo para Irene ler. Irene passava toda de cor-de-rosa e sapato de salto alto. Às vezes de cabelo solto. Na frente ia o bacharel, o fraque preto voando ao vento.

Quando começou a voga dos banhos salgados em Pernambuco, a praia preferida pelas moças e rapazes elegantes do Recife foi Olinda. Olinda tornou-se o lugar principal dos passamentos de festa, outrora mais à beira do Capibaribe que do mar: no Monteiro, em Apipucos, em Caxangá, no Poço da Panela. A velha cidade, há tanto tempo triste, se alegrou de novo com a moda dos banhos salgados. Começou a se encher de outubro até ao carnaval, de gente do Recife e dos engenhos do interior que de dia tomava banho nos Milagres, em São Francisco, no Carmo, no Farol, os homens de calças compridas e camisas de listras, as senhoras de roupas grossas, de um azul escuro quase preto: roupas que não deixavam à vista quase nenhum pedaço do corpo. De noite, então – principalmente nas noites de lua – todos saíam passeando pelas praias, os mais velhos tomando fresco, as moças de cabelos soltos namorando de longe, por sinais de leque ou de lenço, com os rapazes. Ou inspirando aos poetas versos como este:

Oh! Maria, oh! Maria, quantas noites por ti sem dormir!

Pelo Natal e Ano Bom, as festas de Olinda, principalmente a do Bonfim, arrastavam para a velha cidade milhares de recifenses. A recreação misturada à devoção.

O mar nas praias de banho de Olinda não é o mar de Boa Viagem, quebrado nas suas piores fúrias pelos arrecifes. É um mar às vezes áspero. Ondas que se arrebentam com raiva sobre a areia; e quando voltam é querendo levar alguém ou alguma coisa de terra: uma pessoa ou um pedaço de casa ou de árvore. Principalmente nos Milagres e no Carmo, onde as ondas até pedaços de sobrados e casas inteiras têm se afoitado a devorar nos seus dias de mais gula quando derrubam muros, espapaçam paredes, arrancam coqueiros velhos.

Foi este mar zangado da praia dos Milagres e do Carmo que um dia levou uma freira; que outra vez levou um menino; que uma manhã levou um professor da Faculdade de Direito do Recife. Um doutor provecto e de barba comprida.

Atualmente, aos domingos, nos meses de verão, parece dia de festa nas praias de Olinda. Não há mais excesso de roupa azul quase preta, entre a gente que toma banho de mar ou se regala de sol, deitada na areia. Existem até moralistas que se queixam do contrário: do exagero de nudez.

Muita casa de praia em Olinda dá a frente para o mar. Tem terraço. Expõe-se gostosamente aos ventos. Outras ainda dão-lhe as costas ostensivamente. Desprezam o mar e a praia como nos velhos tempos coloniais em que nas praias se faziam os despejos, se abandonavam as esteiras dos doentes, os bichos mortos e até os negros que morriam pagãos.

Foi numa praia perto de Olinda que Maria Graham, voltando a cavalo da velha cidade para o Recife, viu um cachorro profanando o corpo de um negro mal enterrado pelo dono. Isto, em 1821. Olinda pareceu à inglesa extremamente bela vista do istmo e da praia pela qual, indo do Recife, chegou até ao pé dos montes da primeira capital pernambucana.

Naqueles dias nem Olinda era mais ilustre pelos seus montes onde outrora o Padre Vieira ensinara Retórica e morara a melhor nobreza da capitania, nem suas praias de banho tinham feito o antigo burgo de fidalgos recuperar um pouco do antigo esplendor. Era só decadência e tristeza. O Seminário de Azeredo Coutinho e antigo Colégio dos Jesuítas quase em ruínas. Ainda não se instalara a Escola de Direito no Mosteiro de São Bento.

A inglesa, da praia, do alto do seu cavalo, olhou para os montes e lamentou o declínio da velha cidade, onde já não residiam ricos homens nem pessoas importantes: todos se tinham transferido para o Recife. Notou a catedral, os conventos, o palácio do bispo, as igrejas. Pareceram-lhes as igrejas de arquitetura nobre, ainda que sem elegância: ("[...] *of noble, though not elegant architecture*"). E admiravelmente bem situadas nos altos: em lugares "que um Claude ou um Poussin poderia ter escolhido". Algumas em saliên-

IGREJA DE SÃO JOÃO

BANCO DE VELA (J)

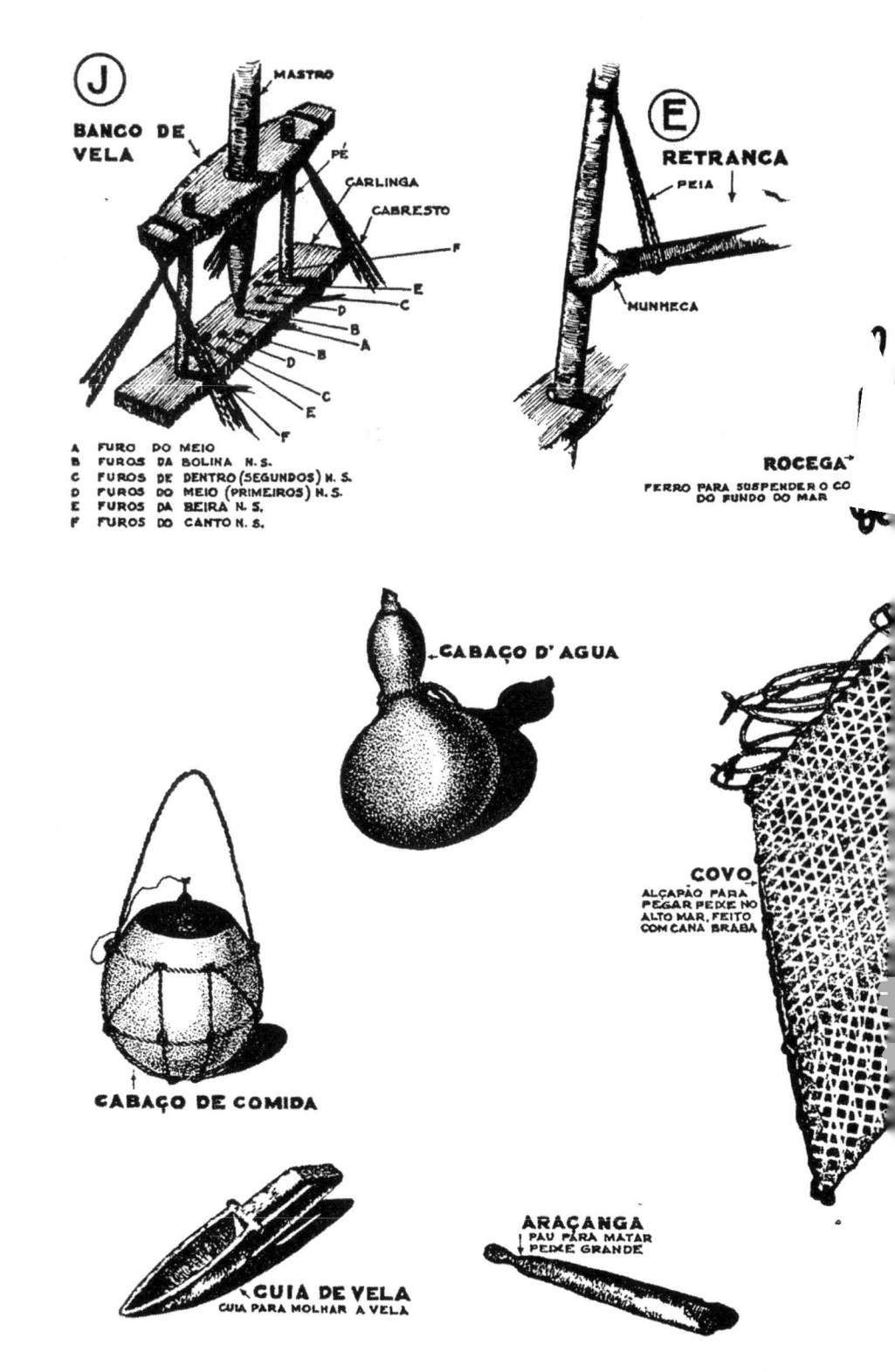

- MASTRO
- PÉ
- CARLINGA
- CABRESTO

A FURO DO MEIO
B FUROS DA BOLINA N. S.
C FUROS DE DENTRO (SEGUNDOS) N. S.
D FUROS DO MEIO (PRIMEIROS) N. S.
E FUROS DA BEIRA N. S.
F FUROS DO CANTO N. S.

RETRANCA (E)

- PEIA
- MUNHECA

ROCEGA
FERRO PARA SUSPENDER O CO DO FUNDO DO MAR

CABAÇO D'AGUA

CABAÇO DE COMIDA

COVO
ALÇAPÃO PARA PEGAR PEIXE NO ALTO MAR, FEITO COM CANA BRABA

CUIA DE VELA
CUIA PARA MOLHAR A VELA

ARAÇANGA
PAU PARA MATAR PEIXE GRANDE

DETALHES E APETRECHOS DA JANGADA

FORQUILHA

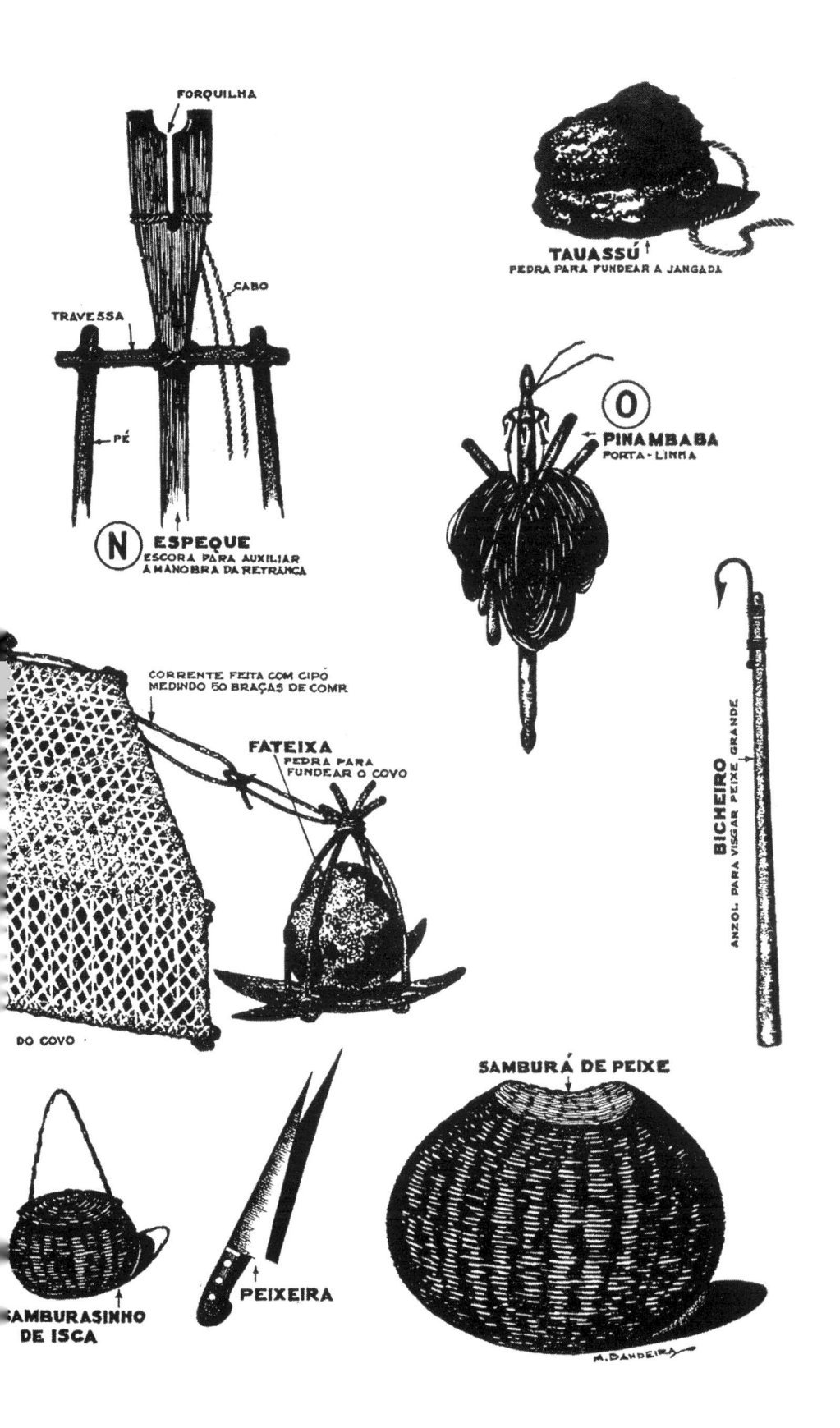

TRAVESSA

CABO

PÉ

Ⓝ ESPEQUE
ESCORA PARA AUXILIAR
A MANOBRA DA RETRANCA

TAUASSÚ
PEDRA PARA FUNDEAR A JANGADA

Ⓞ PINAMBABA
PORTA-LINHA

CORRENTE FEITA COM CIPÓ
MEDINDO 50 BRAÇAS DE COMP.

FATEIXA
PEDRA PARA
FUNDEAR O COVO

DO COVO

BICHEIRO
ANZOL PARA VISGAR PEIXE GRANDE

SAMBURASINHO DE ISCA

PEIXEIRA

SAMBURÁ DE PEIXE

M. BANDEIRA

Praia dos Milagres

Farol

cias abruptas de montes; outras no alto de campinas que descem docemente até as praias. Quase todas as igrejas cinzentas ou amarelas, os telhados vermelhos. Uma ou outra com a torre revestida de azulejos.

Tal a Olinda na sua fase mais triste – já despovoada de fidalgos e de jesuítas e ainda sem mestres e estudantes de Direito – que Maria Graham viu em 1821. Os montes desprestigiados: sem preleções de Vieira nem praças de touros nem audiências brilhantes de capitão-general; e as praias sem o prestígio que só se acentuaria no fim do século XIX e no princípio do atual, quando se tornaram as mais elegantes de Pernambuco e deram novo brilho a Olinda. Prestígio que dura até hoje, apesar da competição de Boa Viagem depois de ligada ao Recife por uma avenida de que a alta burguesia recifense se orgulha tanto.

Jangadeiros

DESSAS praias partem todas as manhãs os jangadeiros para o alto-mar. Voltam de tarde. Às vezes passam a noite inteira no mar. Há praias de Olinda que estão cheias de mucambos de jangadeiros. Olinda tem ainda restos de pescadores: cabras resistentes, queimados de sol. Alguns parecem mais de bronze do que de carne. Suas mulheres são quase todas mulatas e caboclas, algumas bonitas, muito óleo de coco no cabelo preto. Suas casas são cobertas de palha de coqueiros – devendo notar-se que aqui não domina o "barbeiro". Foi o que o fitopatologista Guenther verificou para desapontamento dos que só enxergam nos mucambos males e horrores.

Os jangadeiros vivem uma vida um tanto à parte. Não gostam de intrusões pelos seus mucambos. Nos domingos às vezes se reúnem nus da cintura para cima debaixo das mangueiras e dos coqueiros, chupando caju, tomando cachaça, um ou outro tocando violão ou cantando modinha. Numa ocasião dessas, surgindo algum turista de máquina fotográfica, é quase certo que será recebido como inimigo. Como um fotógrafo nosso conhecido que um pretalhão do Amaro Branco saudou um tanto irônico: "Que é isso? Casacudo por aqui?" Às vezes, entre os jangadeiros há brigas. No ardor da cachaça, brilham facas de ponta ou peixeiras. Mas isto é raro. É uma gente até pacata, a das praias de Olinda. Entretanto, foi um tipo especial de faca ou de punhal que deu outrora fama europeia a Olinda. Na língua francesa, velhos dicionários chegaram a registrar como "Olinda" uma faca ou punhal de feitio brasileiro.

A Colônia Z-4, que incluía os últimos pescadores de Olinda, até há pouco se espalhava das ruínas da Fortaleza do Buraco à Praia de Maria Farinha, pertencente ao Município de Paulista. Quando a conheci e convivi com sua gente, tinha cerca de 400 pescadores e 88 embarcações de pesca: 62 jangadas de alto-mar, quinze jangadas a remo, cinco escaleres, seis canoas a vara. Havia na colônia três comissários para a venda de peixe. Funcionavam seis escolas para filhos de pescadores. A colônia foi fundada em 1919 e desenvolveu-se sob o controle do Ministério da Marinha.

A Faca de Ponta

A FACA DE PONTA, cujo fabrico é uma especialidade da arte pernambucana dos tempos coloniais, e cujo manejo é outra velha especialidade pernambucana, teve por muitos anos o seu centro perto das praias de Olinda: em Pasmado. Hoje é um povoado decadente. Mas foi a Toledo da região. O estrangeiro não sabendo da existência de Pasmado, chamava essa faca "Olinda". Foram facas célebres, a de Pasmado, no tempo em que todo pernambucano, desde o senhor de engenho mais fidalgo ao cabra de rua mais rasteiro – e até padres como, segundo a tradição, Monsenhor Pinto de Campos – andavam armados de faca de ponta.

O acadêmico Múcio Leão e eu encontramos num antigo dicionário francês referência a um tipo de faca denominado "Olinda" que se tornou conhecido na Europa. Evidentemente a faca conhecida no Brasil por faca de Pasmado. De qualquer modo, um produto olindense ou das margens da civilização de Olinda. Algumas facas de ponta pernambucanas destacam-se pelo trabalho artístico dos cabos de prata. Chegam a ser quase joias: joias de homem e não de mulher. Joias que um Estácio Coimbra, um Eurico Sousa Leão, um João Suassuna nunca deixaram de usar.

Jangadas

ÃO há tipo de jangada peculiar às praias de Olinda, a não ser num ou noutro detalhe insignificante. Mas quem não conhecer a jangada do Nordeste – usada em largo trecho da costa do Brasil, desde a Bahia até ao Ceará – que trave relações com ela em Olinda. A jangada aqui, como noutras partes do litoral brasileiro, faz parte da paisagem, da vida, do sistema de alimentação. Esperar a chegada das jangadas cheias de peixe fresco é uma das cenas mais características das praias nortistas. Em Olinda, cozinheiras velhas, as próprias donas de casa, às vezes até os donos, desembargadores sisudos que fazem questão do seu peixe bom e fresco ao jantar, vão à praia esperar a chegada das jangadas.

A jangada de Olinda é do mesmo tipo das de Alagoas, Pernambuco, Ceará e um tanto diversa na construção e no velame das "jangadas grandes" e das "burrinhas" da Bahia.

A "jangada grande" de Olinda – como a do extremo Nordeste, em geral – é formada de seis "paus de jangada" unidos por cavilhas de madeira: três ou quatro. São os chamados *tornos*.

Tem um banco à proa: aí fica o único mastro. Tem outro banco à ré. Entre os bancos está a cruzeta, que se chama *aracambus*: serve para o descanso do mastro da mezena e para prender linhas e utensílios de pesca, cabaça com água, *quimanga* ou caixa com farinha, corda ou *poita*. Tudo amarrado, para no caso da jangada virar, nada se perder.

Os paus exteriores da jangada se chamam *mimburas*.

O sistema de velas do extremo Nordeste é diferente do da Bahia. A vela da jangada olindense, como a de suas irmãs mais próximas, é triangular, entralhada em corda de fio ou de embira.

A média de comprimento da "jangada grande" desta região é de 7 metros. A porção de pano para vela é calculada pela grossura das *mimburas*.

O banco da ré chama-se *banco de governo*. A pedra que se usa para fundear, *tauaçu*: é apertada por paus com ponta (que fazem as vezes de âncora) e presa a uma corda de embira chamada *poita*.

Para a manobra de uma jangada bastam o *patrão* e o *coringa*.

Há outro nome regional para a jangada veloz: *paquete*.

Nas praias, as jangadas descansam sobre rolos de madeira que facilitam as manobras de saída e chegada da embarcação.

Recente estudo do erudito Luís da Câmara Cascudo versa com minúcia o assunto – a jangada do Nordeste; mas foi este *Guia de Olinda* que, dentro de sua modéstia, primeiro pôs em foco a importância da jangada como tema regional – particularmente olindense – de interesse não só poético como etnográfico, fixando com exatidão, em palavras documentadas por desenhos de M. Bandeira orientados pelo autor, os característicos pernambucanos em geral, olindenses, em particular, desse romântico tipo de embarcação. Dele e da barcaça.

Quando esteve no Brasil, o escritor John Dos Passos ficou encantado com as jangadas. E propôs que Pernambuco desenvolvesse para os turistas um esporte que chamou *"jangada sailing"*.

Barcaças

ESTÃO sempre passando barcaças à vista de Olinda. Barcaças pintadas de verde, vermelho, amarelo, alaranjado. O maior número é de barcaças pintadas de azul e branco, talvez por motivo de proteção religiosa. Azul é "cor de Nossa Senhora". E quase todo barcaceiro é devoto da Virgem.

Sabe-se que, nos primeiros dias de Olinda, houve nas suas praias oficinas de construção de barcaças. Frei Vicente do Salvador lembra que o donatário Duarte Coelho "construiu caravellões e lanchas", indo essas suas embarcações pela costa abaixo até o Rio São Francisco em viagens de exploração. Nos tempos coloniais foram até lá buscar farinha para os pobres.

Perto de Maria Farinha há hoje um estaleiro ou hospital de barcaças em que são consertadas e pintadas de novo, readquirindo então as cores de saúde que são os azuis e verdes-claros, os alaranjados e amarelos vivos. Cores que a gente de vista marítima distingue de longe do azul ou do verde da água do mar.

A barcaça que anima de suas cores e, quando no favor do vento, da beleza de suas velas enfunadas, os mares de Olinda, faz parte de um tipo ou de uma espécie regional de barcaça, cujo domínio se estende dos mares do Norte da Bahia às águas do Rio Grande do Norte. É empregada principalmente no transporte de sal, açúcar, madeira, coco. É uma embarcação de "fundo de prato", como dizem os técnicos; recebe a carga pelo convés que circunda uma escotilha chamada "sepultura". Quase sempre a chamada "sepultura" eleva-se um metro acima da borda, para defender a carga, do mar.

Algumas barcaças são de dois, outras de três mastros.

Estas barcaças do Nordeste recorda o Almirante Alves Câmara no seu *Ensaio sobre as construções navais indígenas do Brasil* que tomaram parte ativa nas lutas dos luso-brasileiros da região contra os holandeses no século XVII, ora figurando nas crônicas com o nome de barcaças e ora com o de barcos. O historiador naval lembra o feito de dois barcos ou barcaças que com algumas "canoas guarnecidas de robustos mosqueteiros com voga pintada alcançaram uma embarcação grande e três lanchões guarnecidos de holandeses que tinham entrado a barra e vinham socorrer o Forte de São Maurício e os atacaram, e com a primeira carga de fuzilaria forçaram-nos a virar de bordo e fugir para o mar, não fazendo mais do que disparar por diversas vezes a sua artilharia". Feito que vem narrado nas *Memórias históricas da província de Pernambuco* de José Bernardo Fernandes Gama.

O Almirante Câmara recorda ainda que as barcaças de Pernambuco concorreram com as jangadas do Ceará para a emancipação dos escravos, conduzindo de uma província a outra negros fugidos. Iam os negros escondidos no porão, por entre a carga, para não serem vistos pelos agentes da polícia. Em discurso abolicionista, Nabuco fez o elogio da barcaça.

Até quase aos nossos dias, certamente até aos dias de nossos pais, as barcaças foram um meio de transporte muito em voga no Nordeste e de que se utilizavam as famílias mais ilustres. Principalmente meninos e rapazes que vinham estudar em Olinda; depois no Recife.

Algumas barcaças têm beliche quase tão confortável quanto o de vapor. Várias se protegem contra as tempestades não só com as cores que seus proprietários consideram mais agradáveis a Nossa Senhora dos Navegantes, da Conceição ou do Ó como por meio de sinais cabalísticos, espécie de tatuagem na madeira dos barcos e que os barcaceiros não nos explicam o que significam, por ignorância ou por serem tais sinais uma espécie de segredos maçônicos entre eles. Com Cícero Dias vi uma vez, andando de bote entre barcaças paradas no porto do Recife, um desses sinais – dois peixes atravessados – que era uma maravilha, como decoração. Encontram-se frequentemente pintados ou esculpidos nas barcaças: peixe, estrela, cometa, meia-lua, signo-salmão. O peixe é às vezes encontrado, esculpido em madeira e colocado na extremidade do chamado "capitafi" do mastro da ré, com uma "função", segundo dizem os barcaceiros: a de marcar a direção do vento. Tal o peixe que a meu pedido H. Barreto copiou da barcaça *Isaura Jardim*: desenho reproduzido a meu pedido por M. Bandeira, quando, igualmente a meu pedido, desenhou, para este *Guia* e conforme os informes do autor, com todas as minúcias, uma barcaça caracteristicamente pernambucana. O peixe, neste caso, era pintado de cinzento, prolongando-se graciosamente numa flâmula pintada de verde.

Os nomes das barcaças são muitos deles de santos. Alguns de mulher. Vários são nomes de lugares.

Entre os barcaceiros de Pernambuco, iniciei com o então estudante Clarival Valadares, em 1937, um inquérito sobre suas condições de vida, suas

A mastro
B vela
C ligeira
D amura
E retranca
F mimbura
G bordos
H meios
I tolete
J banco de vela

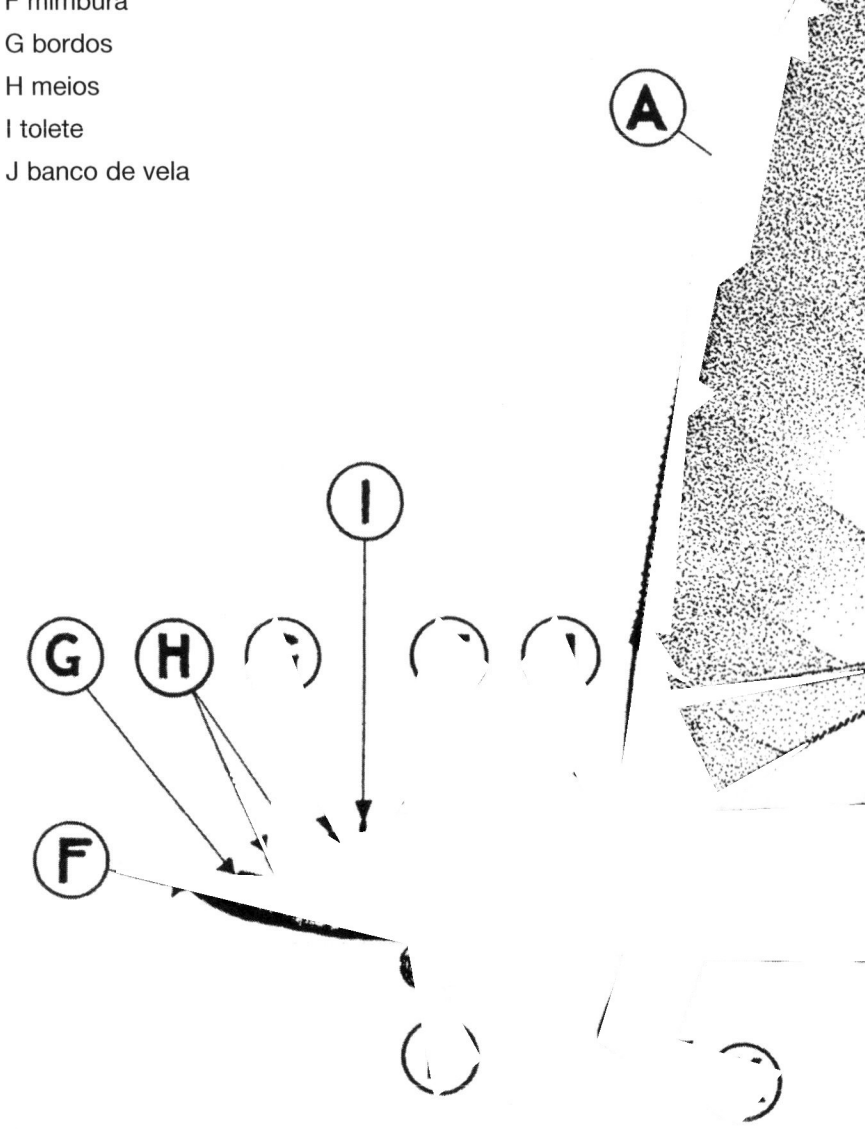

Comprimento da jangada = 7,00m x 1,50m de largura
Altura do mastro = 6,00m
Comprimento da retranca = 7,00m
Comprimento do remo = 3,30m x 0,30m de largura

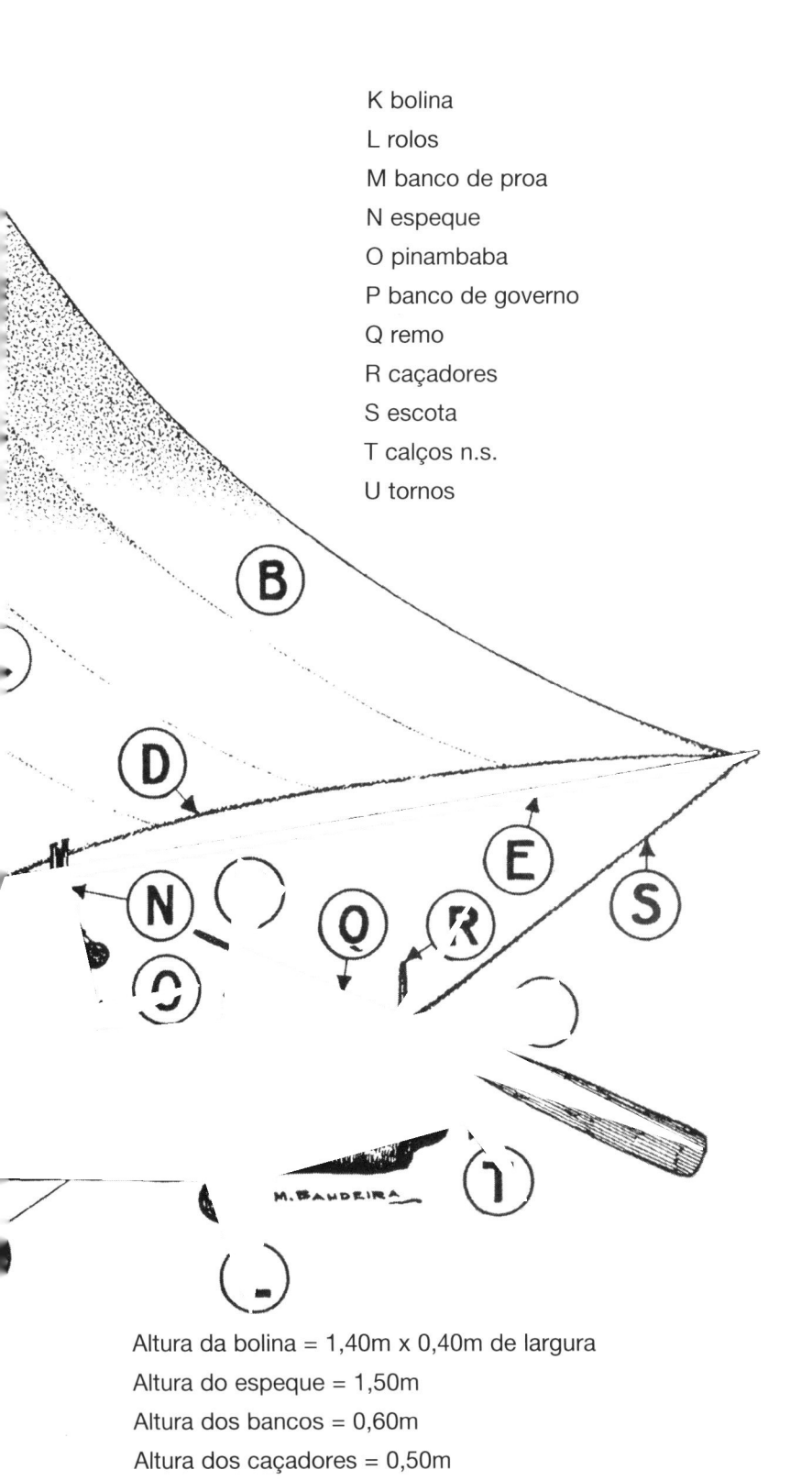

K bolina
L rolos
M banco de proa
N espeque
O pinambaba
P banco de governo
Q remo
R caçadores
S escota
T calços n.s.
U tornos

Altura da bolina = 1,40m x 0,40m de largura
Altura do espeque = 1,50m
Altura dos bancos = 0,60m
Altura dos caçadores = 0,50m

crenças, sua alimentação, que infelizmente ficou só em começo. Desse começo de inquérito, e de conversas com mestres e coringas de barcaças, se conclui que a comida dos barcaceiros a bordo é farinha, feijão, charque, bacalhau, peixe fresco miúdo, bolacha; que gostam de seus goles de aguardente; que apreciam café forte, tabaco preto e alguns a maconha que os faz sonhar com moças bonitas, morenas nuas, palácios encantados; que gostam de variar de mulher, amigando-se diversas vezes e alguns, os mais dom juans, tendo amigas em mais de um porto ou de uma praia; que são católicos, quase todos pegando-se em caso de doença como São Sebastião e em caso de perigo no mar com Nossa Senhora da Conceição, Nossa Senhora dos Prazeres, Nossa Senhora do Ó, Nossa Senhora dos Navegantes, Santo Amaro, fazendo-lhes então promessas de velas, de miniaturas de barcaças ou de pinturas em que se comemore o milagre ou a proteção que lhes deu o santo ou a santa invocada; que quase todos tiveram ou têm doenças do mundo; que têm muito em apreço elixir de inhame e goma de batata-de-purga para fechar feridas e para outras doenças, ipecacuanha, chá de abacate e chá de erva-cidreira. Gostam de pastoril, fandango, coco, bumba meu boi. Alguns acreditam em monstros marinhos. Quase todos têm visto clarões misteriosos e outras assombrações no alto-mar. Veem de longe a luz do farol de Olinda e as luzinhas de seus oito montes.

    O assunto – o estudo de costumes de barcaceiros de Pernambuco – foi recentemente retomado – mais de trinta anos depois daquele inquérito – por pesquisadores ingleses – o casal Mitchel, ele da Universidade de Londres, ela, da de Oxford – como estagiários do Instituto Joaquim Nabuco de Pesquisas Sociais. Mas entre pescadores, barcaceiros e jangadeiros de praia do sul de Pernambuco, muito diferente das de Olinda. E de época menos romântica – a atual – que a do inquérito pioneiro.

Canoas

A CANOA esteve por muito tempo ligada à paisagem de Olinda e dos seus arredores. Era principalmente de canoa que se viajava de Olinda ao Recife. A canoa foi um meio tão aristocrático de transporte por mar como o palanquim de transporte por terra. Algumas canoas eram adornadas com figuras na proa; tinham camarins na popa. Camarins às vezes forrados de veludo, como os palanquins dos olindenses ricos. De modo que se viajava no fofo e ao abrigo da chuva.

Mas havia também canoas proletárias. Canoas de pesca. Canoas para o transporte de água. Canoas para mudanças de trastes. Canoas para carregar pedra e tijolo. Canoas de casco parecido com o das barcaças e conhecidas na costa de Pernambuco e na de Alagoas por canoas de *embono*. Essas, com suas duas velas triangulares – "a grande" e a "coringa" – ainda se veem pelas águas de Olinda confundidas com as barcaças. Mas são canoas. O olhar de técnico não se deixa enganar por elas. Transportam lenha, cal, carvão, coco verde, abacaxi.

Fernandes Gama nas suas *Memórias* lembra que as canoas foram empregadas pelos colonos de Pernambuco contra o pirata inglês Lancaster que em 1593 assaltou o Recife e alarmou a própria Olinda. Os colonos encheram cinco canoas de combustíveis, tocaram fogo nos combustíveis e deixaram ir os pequenos barcos na corrente em direção aos navios grandes dos piratas. Estes navios teriam se incendiado se o esperto Lancaster não tivesse afastado deles as cinco canoas por meio de ganchos de ferro.

No tempo da Escola de Direito em Olinda, era geralmente de canoa que lentes e estudantes, de *croisé,* gravata-de-volta e cartola viajavam para o Recife. Conta um cronista que um dos lentes, o Dr. Nuno Ayque d'Alvellos Annes de Britto Inglez "assombrava as populações ribeirinhas do Beberibe, quando em altos brados, o escravo avisando os canoeiros que S. Ex.ª o Senhor Doutor se achava pronto para embarcar, dizia enfaticamente, por extenso, a série de seus apelidos arrevesados".

Os Montes

AS TRADIÇÕES mais ilustres de Olinda são as que os seus montes guardam; foi deles que veio o prestígio da cidade na Colônia e depois no Império, num tempo em que as praias eram lugares desprezados e fora de portas. Num monte, Duarte Coelho levantou a torre ou o forte donde repeliu os indígenas e os franceses e onde os colonos edificaram a Igreja do Salvador; noutro se levantou a Misericórdia; ainda noutro, os jesuítas, tendo à frente a grande figura do Padre Nóbrega, ergueram seu colégio: foi aí que o Padre Antônio Vieira depois ensinou Retórica. Os franciscanos, os beneditinos, os carmelitas levantaram seus conventos e hospícios também em montes. A cidade, a civilização, a polícia, a polidez, a piedade desenvolveram-nas os olindenses no alto dos montes e em edifícios de pedra e cal. São os montes que dão mais na vista não só do viajante como do historiador: de quantos se aproximem de Olinda.

Por mais de dois séculos, as melhores famílias pernambucanas tiveram nos altos de Olinda suas residências, se não do ano inteiro, dos meses de inverno, quando as chuvas tornavam tristonha a vida nas casas-grandes dos engenhos. Residências depois transferidas para os sobrados do Recife que desde os fins do século XVIII se afidalgaram, ficando Olinda, entretanto, lugar de recreio e devoção, de estudo e de convalescença, em cujos montes se estava longe dos mangues, dos pântanos e dos ruídos da nova metrópole.

Coimbra Brasileira

O BISPO AZEREDO COUTINHO foi talvez o primeiro brasileiro a sonhar para Olinda e para os seus montes um futuro tranquilo de cidade universitária que viesse consolar a antiga cidade de capitães-generais, de sua viuvez política. Ele fez do velho colégio dos jesuítas o esboço de uma universidade moderna, desenvolvendo o ensino secundário em ensino superior. Olinda seria uma espécie de Coimbra; e o Beberibe o seu Mondego.

Com a instalação do Curso Jurídico, fundado em 1827, no Convento de São Bento – que hoje se orgulha de ter abrigado escola tão ilustre nos seus primeiros anos – pareceu que Olinda se tornava definitivamente isto: um tranquilo burgo universitário e ao mesmo tempo eclesiástico. A tristeza dos mosteiros, com seus monges velhos meditando no alto dos montes, seria compensada pela alegria das "repúblicas" de estudantes espalhados pelos sobrados das ladeiras. A gravidade do latim cantado nos conventos seria adoçada à noite pelo som das modinhas das serenatas. Mas o ar dominante da cidade – com seus cônegos, seus frades, seus doutores, seus estudantes – seria o de um lugar de estudo, o de um centro de saber.

A Escola de Direito, do Convento dos Beneditinos, passou-se para o "edifício alcandorado no patamar da ladeira do Varadouro", de que fala, na sua *Memória histórica da Faculdade de Direito do Recife*, o cronista mais eloquente que já teve a mesma faculdade: o Professor Faelante da Câmara. O Professor Faelante da Câmara ao recordar em 1903 a origem da Escola de Direito mostrou-se indeciso quanto aos motivos de sua instalação em Olinda: "desejo de escolher um recolhimento de paz espiritual para a mocidade estudiosa" ou "um meio de punir a intransigência republicana do Recife?" O convento, como o turista verá hoje, era, sob mais de um aspecto, lugar ideal para uma escola de estudos superiores. O mesmo não se poderá dizer do tal casarão do Varadouro que entretanto fora palácio dos capitães-generais depois do incêndio de 31. Nas palavras de um velho lente era "inferior em cômodos e condições higiênicas a qualquer dos nossos quartéis: se chove, um lago; se faz sol, um pequeno Saara sem oásis; se venta, a tísica e a pneumo-

LADEIRA DO AMPARO

nia ali perto". Estava aliás na moda os estudantes morrerem tísicos. Ou, pelo menos, serem criaturas pálidas, franzinas, românticas, embora passado o lirismo dos vinte anos, se tornassem homens de sólido bom senso e alguns de excelente saúde.

Um dos estudantes da Escola de Direito em Olinda foi o depois Barão de Penedo: na vida pública tão sensato e a quem pouco faltou para chegar aos cem anos. Para ele a Olinda do seu tempo de estudante "semelhava à antiga Coimbra, donde tinham vindo alguns brasileiros findar o bacharelado [...]". Vários outros brasileiros ilustres na política, na magistratura e nas letras do Império foram estudantes em Olinda: Zacarias, Sinimbu, Souza Franco, Cotegipe, Nabuco de Araújo, Carvalho Moreira, Sérgio Teixeira, Eusébio de Queirós. Se não praticaram esportes – como lembra um dos melhores cronistas da Escola, o Professor Odilon Nestor – fizeram política. Jornalismo político. Discursos. Demonstrações. O antigo Horto del-Rei mais de uma vez se encheu de estudantes do Curso Jurídico que debaixo das árvores comemoraram datas patrióticas com discursos e odes ruidosas. Quase um esporte: o civismo turbulento. Isso de dia. À noite as modinhas e certas troças arriscadas e que não deixavam de ser esportivas: o roubo de carneiros gordos de sítios, de conventos ou de quintais burgueses, por exemplo, para as grandes ceias, de carne assada com farofa.

De 1828 a 1854 os estudantes de Direito dominaram a cidade de Olinda. Dominaram-na com sua alegria, suas troças, seus discursos e jornais políticos. É o que informa o Barão de Penedo referindo-se aos primeiros anos do período; é o que as crônicas e tradições indicam para o período inteiro. Mas não deixaram de ser, alguns deles pelo menos, rapazes devotos que nas épocas de "santas missões" se confessavam, pediam decerto perdão de furtos de carneiros e faziam penitências. Talvez se arrependessem de certos excessos ideológicos pois havia naqueles dias entre os estudantes – conta em crônica oficial Aprígio Guimarães – "discípulos de Platão e Fénelon". Os quais, pensando que o mundo era Olinda, "imaginavam corrigir as leis sociais de Deus"; e discutiam socialismo nos corredores do convento.

Transferida a Escola de Direito em 1854 para o Recife, Olinda voltou a ser uma cidade pacata de padres; de procissões, em que já não tomavam parte "os Srs. acadêmicos de Direito" de pés descalços e coroas de espinhos na cabeça; de fabrico de doces, licores, rendas e bordados nos conventos e entre as famílias. Cidade de cônegos e seminaristas, com o mato cres-

POPA

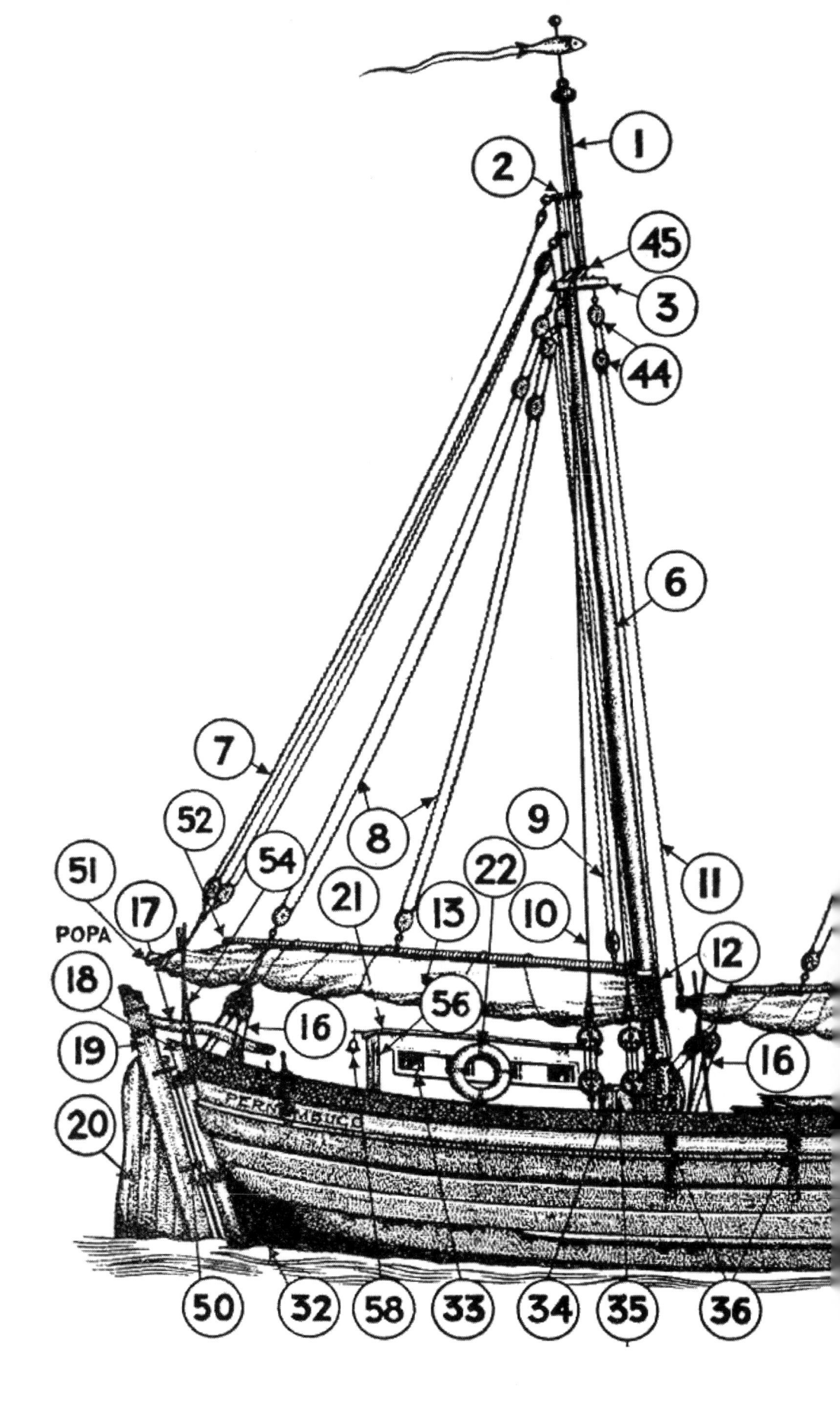

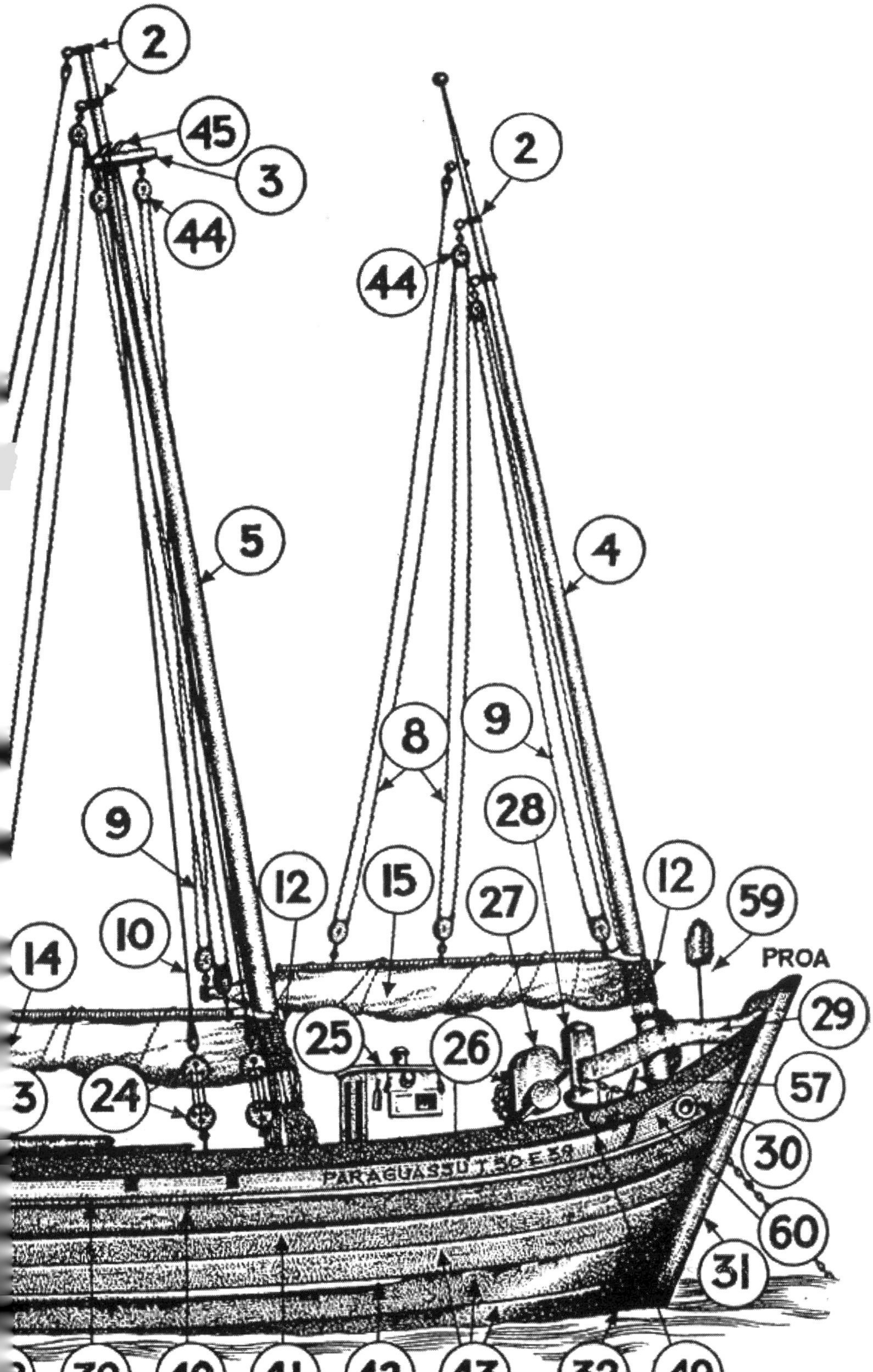

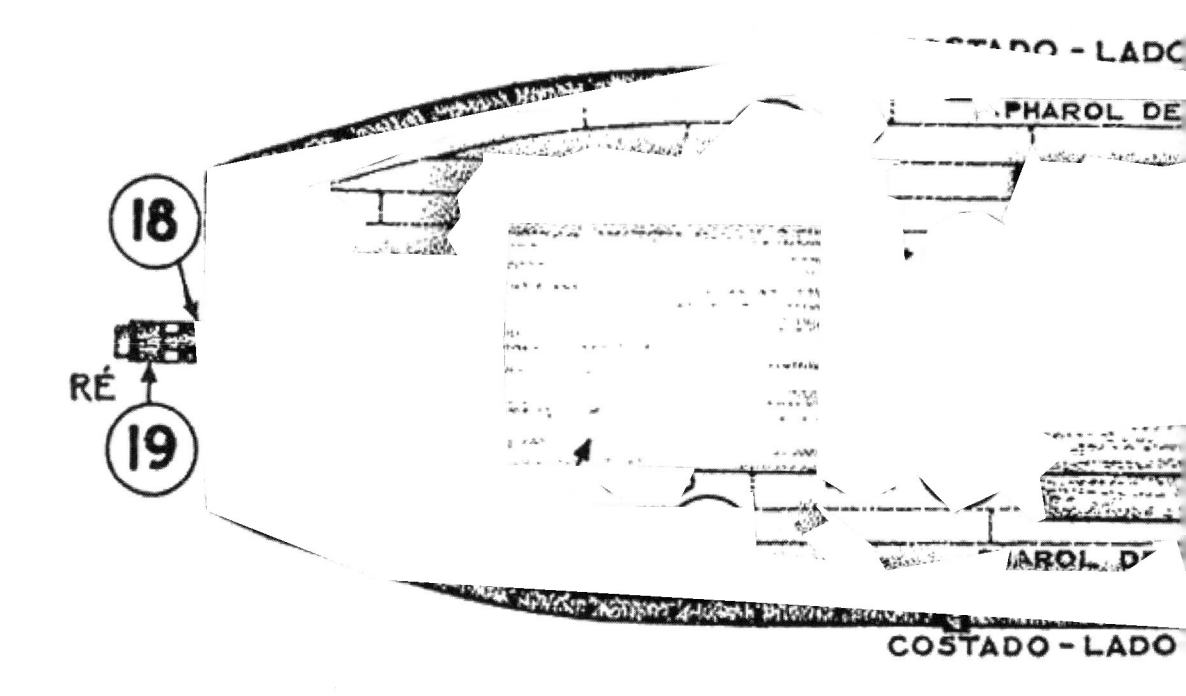

BARCAÇA

Quilha, 100 palmos = 22,00
Mura, 20 palmos = 4,40
Mastro Grande, 80 palmos = 17,60

1. mastaréu (para içar a bandeira nacional)
2. chapas (de ferro)
3. mesas
4. mastro de proa ou mezena
5. mastro latino ou traquete
6. mastro grande
7. cabos amantilhos
8. cabos de pique (de manobra)
9. cabos de boca (de manobra)
10. cabos de enxárcia (de aço)
11. teque ou entre vela
12. envergues do mastro
13. vela grande (de força)
14. vela latina (de manobra)
15. vela mezena (de manobra)
16. escotas
17. canina do leme
18. cadaste
19. madre do leme
20. saia do leme
21. beliche (do mestre)
22. salva-vidas
23. porão, escotilha ou sepultura
24. colhedores de enxárcia
25. castelo de proa (cozinha e rancho)
26. bolinete
27. raposas do bolinete
28. frade da bita
29. bita
30. boca de escovém ou buzina
31. roda de proa
32. rombiações ou tábuas de empeno

BORDO   FUROS PARA AS MALAGUETAS
(VERMELHO)

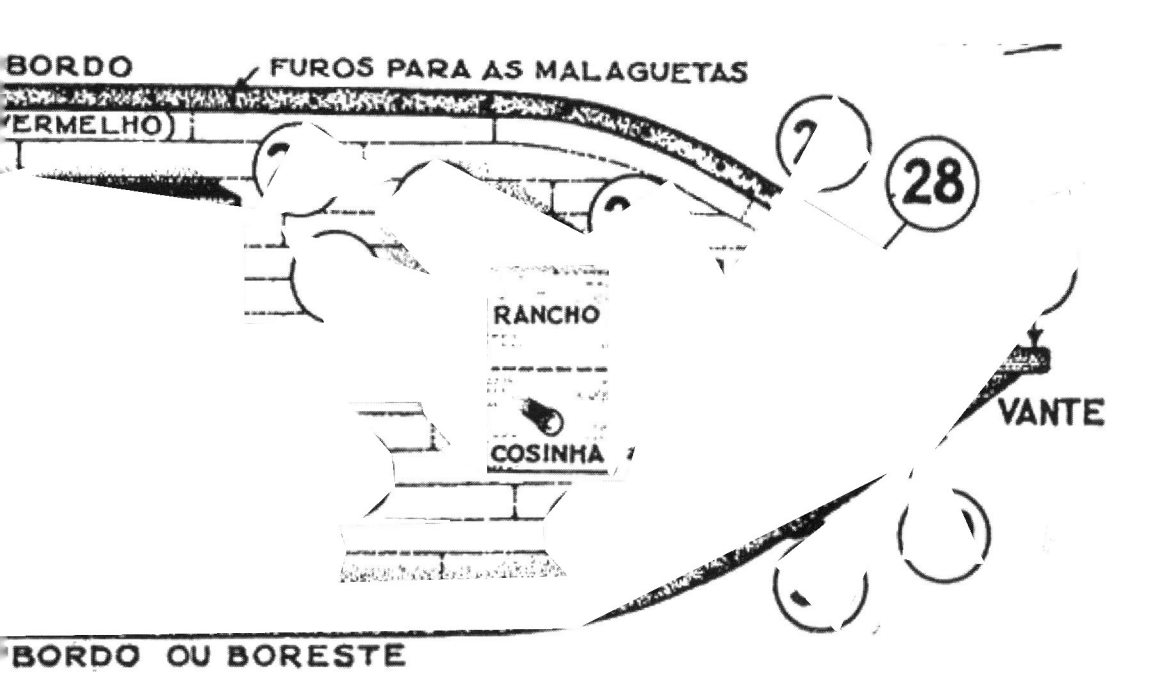

RANCHO

COSINHA

VANTE

BORDO OU BORESTE

33. vigias (pequenas janelas)
34. bomba de esgotamento
35. barris-d'água doce
36. esgotamento
37. corrimão
38. alcaxa
39. tabica
40. cintado
41. tábua de boca
42. verdugo
43. tabuado
44. moitões
45. travessas
46. mediania
47. escotilhão
48. banco
49. âncora
50. ferragens do leme
51. retranca ou tranca
52. lais
53. estrado da corrente
54. tranqueiro (suporte de retranca)
55. jangada salva-vidas
56. duas vigias de cambra (para as bússolas)
57. malaguetas (tornos para amarrar cordas)

58. sinete (para tocar quarto de leme)
59. cambota da lanterna de vigia
60. chapuz

Beliche do mestre
1 cama
1 mesa
2 bússolas
1 relógio
1 calendário
27 bandeiras
1 código internacional
1 livro de derrota
1 livro de frete
1 livro de despesa
1 livro de escalas
1 livro de arrolamento
1 livro de escritura e rol de equipagem

Tripulação
1 mestre
1 contramestre
2 marinheiros
2 moços
1 cozinheiro ou coringa

Sobrado colonial com balcão – Rua do Amparo, 28

cendo à vontade pelas ladeiras. Cidade sem outras vaidades que as do saber teológico e as do talento culinário. Até que as praias vieram animá-la de novas alegrias e despertá-la do seu sono de bela adormecida nos montes. As praias e, ultimamente, pintores, alguns um tanto boêmios, que decidiram instalar seus ateliês de artistas em primeiros andares de velhos sobrados de Olinda. Um desses pintores, Adão Pinheiro. E em Olinda tem linda casa o pintor Aluísio Magalhães, autor, ao lado de Rosa Maria, de notáveis desenhos em que são fixados aspectos da velha cidade.

Os Livros

DURANTE toda a primeira metade do século XIX Olinda foi um centro não só de ensino jurídico como de produção intelectual. Fabricou bacharéis que se tornaram grandes do Império e imprimiu livros – originais ou traduzidos do francês, do inglês e do espanhol pelos seus doutores – que tiveram influência sobre a política e a vida do Brasil inteiro, honrando ao mesmo tempo os começos da arte tipográfica no nosso país. Em 1831 estabeleceu-se no então nº 22 da Rua do Amparo uma oficina tipográfica – a de Pinheiro, Faria & Cia. – que por alguns anos publicou livros e folhetos e imprimiu periódicos. Da velha rua de Olinda muitos livros se espalharam por todo o Império: livros todos notáveis, na opinião de um entendido, "pelo seu aspecto artístico, beleza de composição e esmero de revisão, e todos hoje de extrema raridade". (O "esmero de revisão" é agora raríssimo no Brasil, talvez por terem os editores e as tipografias se instalado em cidades ruidosas, abandonando os burgos quietos como Olinda.)

Nessa tipografia da Rua do Amparo – ladeira sossegada e ilustre que o turista deve subir bem devagar, lembrando-se de que ela foi um dos focos mais intensos da vida olindense na primeira metade do século passado – imprimiu-se em 1831 a obra do doutor de Salamanca, Ramón Salas, *Liçoens de direito publico constitucional,* traduzida por D. G. L. D'Andrade. Na mesma casa imprimiram-se depois: *Elementos de economia política,* de Stuart Mill, "tradução do francês" – informa Alfredo de Carvalho – "confrontada com o original inglês pelo Dr. Pedro Autran da Mata e Albuquerque e os então acadêmicos Álvaro e Sérgio Teixeira de Macedo"; o *Elogio da loucura,* de Erasmo, traduzido também pelo Dr. Autran; nova edição das *Cartas de Eco a Narciso,* de Antônio Feliciano de Castilho; uma tradução de *Micromegas,* de Voltaire; outra da novela inglesa de Ana Radcliffe, a *Caverna da morte*; um compêndio de *Gramática portuguesa*; a *Defesa* de Nicolau dos Santos França Leite "em um processo de abuso de imprensa". Sem esquecermos a *Tática das assembleias legislativas,* "obra extrahida dos manuscriptos de Mr. Jeremias Bentham por Mr. Et. Doumont de Genebra". Esse filósofo inglês e, particularmente, essa sua obra, tiveram, como se sabe, uma influência enorme sobre

Rua do Amparo

o espírito e a técnica parlamentar dos políticos brasileiros do Império. Pois essa influência partiu de Olinda, turista: da velha tipografia à Rua do Amparo.

Mas os livros que a casa da Rua do Amparo imprimiu nos princípios do século XIX e cuja venda, nas boticas da velha cidade e nas do Recife, juntamente com remédios e bichas, vem anunciada nas gazetas da época, não nos devem fazer esquecer os muitos livros velhos, cadernos e mss. preciosos que outras casas de Olinda – principalmente conventos – guardaram desde o primeiro século colonial; e entre os quais cresceram muitos meninos e rapazes de Pernambuco e de outras províncias que por sua vez se tornaram autores de obras de valor. Olinda foi nos tempos coloniais uma cidade de bibliotecas importantes, de livros raros, de bons mestres de latim, de bons estudos de humanidades. E isso se deve em grande parte aos seus frades e ao seu Seminário e antigo Colégio de Jesuítas.

É certo que no tocante a livros os jesuítas levaram de Olinda mais do que lhe trouxeram da Europa. Ouça o turista: estando em Olinda, incorporados à Biblioteca Pública, os livros – 5 mil volumes – da extinta Congregação de São Filipe Néri da Madre de Deus do Recife, ao passar a biblioteca para a Escola de Direito, o Dr. Autran, diretor interino da Escola, sob o pretexto de que os livros dos padres da Congregação "não eram obras de Direito" vendeu-os todos por uma rala quantia aos terríveis inimigos daqueles padres, os jesuítas; os quais – diz o cronista Pereira da Costa – "bem sabiam o bom negócio que tinham feito; e quando foram expulsos de Pernambuco em 1874, como insufladores da subversão da ordem pública, levaram consigo para a Europa todo aquele inestimável tesouro". Como se explica que o Dr. Pedro Autran tivesse vendido aos padres da Companhia, por uma insignificância, livros de valor que haviam sido da casa matriz de "uma congregação de padres ilustrados, distintos, que cultivavam as letras e as ciências, defendiam conclusões públicas e tinham uma escola superior de noviciado?" É o que nos explica Pereira da Costa, que estudou o assunto com cuidado especial, no desempenho de uma comissão que lhe confiou o Governo da Província em 1886: "É que aquele Dr. Pedro Autran era muito amigo dos padres da Companhia e assim, *jesuíta de casaca,* como no tempo de pronunciadíssima animosidade e agitação popular contra eles eram chamados os seus limitados afeiçoados".

O Convento de São Francisco de Olinda reunia nas estantes de madeira de sua biblioteca – estantes gordas e bonitas, com colunas e cornijas pintadas e douradas em torno de um altar, também muito enfeitado, sobre o qual existiu (informa-o Pereira da Costa) uma imagem de São Boaventura – volumes preciosos. Mas vindo a faltar-lhes o cuidado de boa conservação, dispersaram-se ou estragaram-se. Hoje se encontram apenas sobejos da antiga grandeza. O mesmo é certo da biblioteca do Mosteiro de São Bento, que foi talvez a maior e a melhor de Olinda. Tollenare ainda alcançou-a imponente e cheia de livros bons. Possuía também "magnífico arquivo" que, segundo Pereira Costa, "era por assim dizer a Torre do Tombo dos nossos tempos coloniais". O velho cronista lembra em notas mss. sobre as bibliotecas dos conventos de Olinda que Borges da Fonseca e Fernandes Gama muito se utilizaram do arquivo de São Bento, um para escrever a sua *Nobiliarquia pernambucana,* o outro para compor suas *Memórias históricas da província de Pernambuco;* e, ainda, que a Câmara de Olinda, "tendo perdido o seu Foral e outros documentos por ocasião da invasão holandesa e incêndio da cidade, depois da Restauração os foi encontrar registrados no arquivo de São Bento, salvos felizmente do incêndio e saque praticados pelos invasores". Muitos outros documentos, "principalmente sobre heráldica e genealogia, eram copiados, autenticados e guardados no arquivo, onde facilmente podiam ser consultados; mas onde existe hoje esse precioso material da nossa história?" O bicho deve ter roído muita coisa; a umidade deve ter estragado muito papel velho; mas não há dúvida que houve descuido do governo em conservar livros e mss. tão valiosos, continuando o trabalho dos bons frades de São Bento: os dos primeiros tempos coloniais. Tempo em que a paciência beneditina se unia nos monges do Varadouro de Olinda ao zelo pelas coisas e tradições luso-brasileiras, fazendo do arquivo do Mosteiro a "Torre do Tombo de Pernambuco". Ao turista não custará nada uma visita à velha biblioteca do Mosteiro dos Beneditinos onde também existiu tão opulento arquivo.

Foi um decreto de 7 de dezembro de 1830 que estabeleceu uma biblioteca pública em Olinda, depois incorporada como já se disse à Escola de Direito. Absorvendo livros que tinham sido dos padres de São Filipe Néri, a Biblioteca Pública chegou a ter a opulência das livrarias dos mosteiros, com seus livros em latim. Ao mesmo tempo, trouxe para a velha Olinda muito livro novo em francês e inglês.

Entre os livros floresceram em Olinda, não só nos primeiros tempos do Império como durante a Era Colonial, eruditos que se fizeram famosos pelo seu saber. Até mesmo moças e senhoras como D. Rita Joana de Sousa que foi não só literata como pintora e mestra de meninas; D. Ana Francisca Xavier, de quem diz Dom Domingos de Loreto Couto que deixou trabalhos literários – alguns em latim – e que falava "com suma felicidade" latim, espanhol e francês; Maria de Lacerda, que deixou fama de gênio; D. Isabel de Barros, senhora de muita queda para os estudos científicos; D. Antônia Cosme dos Santos, dada a estudos de Filosofia e História; D. Laura Soares Gondim, muito versada em História, sobretudo a sagrada e a de Portugal.

Deve-se destacar que foi em Olinda que Bento Teixeira Pinto compôs sua *Prosopopeia* – o primeiro poema que se escreveu no Brasil e no qual se sente o homem sempre em contacto com os livros que parece ter sido o seu autor: evidentemente o mesmo Bento Teixeira, cristão-novo das denunciações do Santo Ofício, como me aventurei a sugerir em trabalho publicado em 1928. Ideia que vi confirmada por um mestre do valor de Rodolfo Garcia e por um erudito ilustre: Joaquim Ribeiro. Também foi Olinda um dos primeiros pontos do Brasil onde os jesuítas estabeleceram teatro, para a representação de peças piedosas.

Outros olindenses que em Olinda cresceram em saber e ilustração – alguns não só entre os livros dos conventos como entre livros proibidos pela Inquisição: o franciscano Frei Paulo de Santa Catarina; o Dr. João Velho Barreto; o carmelita Frei Manuel de Santa Catarina; o Padre Bernardo Raimundo de Sousa Bandeira – que se distinguiu como lente de Retórica e Geografia no Seminário; o Conselheiro Joaquim Saldanha Marinho; o Conselheiro João Capistrano Bandeira de Melo; o Dr. Ezequiel Franco de Sá, grande conhecedor de Geografia e de História. O Conselheiro Saldanha Marinho – maçom eminente do tempo do Império – não foi só homem de ação, mas também publicista. E em seus trabalhos revelou-se homem ilustrado. Pernambuco – e até certo ponto Olinda – deu ao Brasil seu maior maçom do tempo do Segundo Imperador; e também o maior antimaçom: D. Vital, bispo.

Os Livros

A Biblioteca Pública de Olinda foi inaugurada pela prefeita Luciana Santos na casa número 100 da Avenida Liberdade, cercada por grande quintal, cheio de árvores frondosas.

As Árvores e os Jardins

OLINDA teve nos tempos coloniais um jardim botânico – o Horto del-Rei – que os primeiros governos do Império conservaram. Depois foi abandonado. O turista, se gosta de plantas, não deixe de visitar os restos do velho horto que ficam num sítio hoje chamado Manguinho.

Teve uma importância tão grande esse velho horto de Olinda – centro de enriquecimento da vida e cultura do Nordeste do Brasil – como o Seminário ou a Escola de Direito, como a casa editora da Rua do Amparo ou o arquivo de São Bento. Das plantas que nele se aclimaram, algumas tornaram-se depois valiosas para a economia da região, à qual também acrescentaram novos encantos de cor, de forma, de perfume, de gosto. Basta lembrar a canela, o cravo, a fruta-pão, hoje tão pernambucanas e tão brasileiras.

Tollenare conheceu em 1816 o Horto del-Rei em Olinda: "fui ver o jardim de aclimação das plantas exóticas que o governo estabeleceu e confiou a um francês de Caiena", escreve ele no seu diário. E diz que se sentiu atordoado no meio de um jardim que oferecia aos seus olhos tanta planta diversa: o cravo-da-índia, a moscadeira, a caneleira, a fruta-pão e "cem outros vegetais interessantes". Era como se lhe tivessem dado copo sobre copo de vinhos exóticos que o embriagassem, diz ele. Voltando a visitar com mais vagar o Horto del-Rei, Tollenare anotou as plantas mais interessantes de outros países e regiões já aclimadas em Olinda, de onde se espalharam pelo Nordeste agrário: não só o cravo e a noz-moscada das Molucas, a caneleira de Ceilão e a fruta-pão de Taiti como a pimenta de Malabar, o cacauzeiro, a cana de Caiena, o algodoeiro de Bourbon, a ipecacuanha, o gengibre, a baunilha dos sertões, a salsaparrilha do Pará. Tollenare encontrou no meio do horto uma "fonte de água mineral [...] ferruginosa" e cujo cheiro traía "a presença de hidrogênio sulfurado". Pareceu-lhe que estando numa cidade cheia de igrejas e no meio de uma gente religiosa como a de Olinda, a fonte só teria sucesso se fosse posta sob a proteção de alguma Nossa Senhora e arranjados alguns milagres que fizessem a *réclame* da água. O fato de que ordem nenhuma de religiosos tomou a iniciativa sugerida pelo arguto comerciante francês como que indica que os frades da Olinda colonial não viviam sob a preocupação de explorar a fé da gente da Capitania, na verdade muito devota de Nossa Senhora e disposta a acreditar na primeira história de água milagrosa que lhe fosse contada. Com efeito, parece que só na Olinda de 1850 – trinta e poucos anos depois de Tollenare – houve certa mística – e esta mesmo desinteressada de lucros propriamente comerciais como os imaginados pelo francês – em torno de umas fontes que se acharam por trás do Mosteiro de São Bento. Naquele ano, em novembro, "apenas eram cinco horas da madrugada do dia 21, o mesmo povo convidado da véspera para assistir ao levantamento de uma nova cruz no lugar atrás do Mosteiro de S. Bento bem próximo às três fontes de água doce qualificada pelo povo milagrosa, já se achava estendido pelo pátio e toda a frente da Catedral donde saíram com o Rev.^{mo} missionário, alguns srs. sacerdotes com as imagens e a nova cruz conduzida por alguns srs. acadêmicos e mais pessoas percorrendo as principais ruas com os pés no chão e coroas de espinhos e chegaram às fontes onde tinha de ser ela erigida; aí advertidos pelo missionário da graça que acabavam de receber do céu com a descoberta daquela água deixaram-lhe em sinal de eterna memória este estandarte sagrado que depois de erigido e bento foi respeitosamente beijado o santo lenho por todos que de bom grado ofertaram suas esmolas para reparo das ruínas do Convento de N. S.^{a} do Carmo, ficando uma comissão nomeada pelo missionário dentre as pessoas distintas [...]". Essas fontes, consideradas então milagrosas, eram de água doce, no istmo, a "130 passos distantes do mar e 26 da maré pequena".

É do sábio inglês George Gardner que podemos recolher o primeiro testemunho de botânico meticuloso sobre o Horto del-Rei em Olinda e as árvores dos arredores da cidade que ele visitou em 1837 depois de ter se apresentado, no Recife, ao Presidente da Província.

O Cônsul de Sua Majestade Britânica solicitara ao Presidente audiência particular para o naturalista em carta cuja cópia fui encontrar num dos velhos livros mss. de correspondência dos Cônsules com o governo da Província: "O abaixo assinado, Cônsul de Sua Majestade Britânica, tem a honra de oferecer os seus ofícios a Sua Excelência o Presidente desta província desejando saber quando pode ser de seu agrado dar acolhimento ao Senhor Jorge Gardner, Botânico, viajando no Brasil, sujeito benemérito que o abaixo assinado quer apresentar a Sua Excelência". O "sujeito benemérito" assim apresentado ao Presidente da Província recebeu deste carta de recomendação para o diretor do Jardim Botânico de Olinda, que não era mais o francês meio indolente do tempo de Tollenare – um *Monsieur* Germain – mas o Dr. Serpa, então homem de seus 50 anos e o médico de maior clientela em Olinda. A caminho de Olinda o ilustre inglês, depois superintendente do Real Jardim Botânico de Ceilão, reparou nas flores alvas *Jasminum bahiense* cujo perfume tornava uma delícia o ar da manhã; nas grandes flores de um amarelo pálido, de *Turnera trioniflora;* nos lírios-d'água *(Nymphaea ampla)* boiando sobre as águas dos arredores da cidade onde soube haver ainda jacarés; noutras flores cujos nomes anota com todo o purismo científico. O Jardim Botânico pareceu-lhe vasto embora fosse pequena a parte cultivada. Encontrou o diretor em casa cercado de alguns livros franceses. Saíram juntos pelo horto, o inglês e o brasileiro; e Gardner viu um jardim já em decadência: umas poucas plantas europeias lutando contra o clima e várias árvores da Índia em pleno viço. Entre as árvores da Índia viu bons exemplares de mangueira, tamarindo, caneleira, tamareira. Entre as plantas do interior do país, trazidas para "a praia", notou a ipecacuanha, da qual obteve um exemplar que depois se desenvolveu no Jardim Botânico de Glasgow. Andando além do horto, Gardner travou conhecimento com a mangabeira (a *Hancornia speciosa* dos botânicos), cujo fruto amarelo, do tamanho de uma ameixa grande, provou e achou uma delícia.

Se hoje Olinda não conserva do seu antigo e útil jardim de aclimação de plantas senão os restos – que merecem, aliás, uma visita – toda a sua vegetação está salpicada de árvores e plantas de origem oriental ou africana. Principalmente de árvores da Índia. Encontra-se também uma ou outra planta europeia que, aclimada em Olinda, resiste ao clima tropical.

Os cajueiros, as jaqueiras, os jambeiros, os pés de tamarindo, as mangabeiras dominaram o arvoredo de Olinda e dos seus arredores. Os montes de Olinda ainda hoje se apresentam aos olhos de quem os vê de longe, como no tempo de Tollenare (1816), verdes de jardins. Foi como os viu em 1923 o Professor Guenther ao chegar a Pernambuco para passar quase um ano observando as plantas e os animais da região e provando os frutos e os legumes da terra ou aqui aclimados. Foi em Olinda, no Mosteiro de São Bento, que ele conheceu a pitangueira e a pitanga; o jambeiro e o jambo; o sapotizeiro e o sapoti. Os limões de Olinda pareceram-lhe os melhores do mundo: pequenos, suculentos, cheirosos. Tão cheirosos que bastava um sobre a mesa para perfumar o quarto do professor alemão no Mosteiro.

Os Animais

ACOMPANHANDO às quintas-feiras os frades e irmãos de São Bento ao "Monte" – um pequeno convento abandonado, pertencente aos beneditinos, de que mais adiante se falará – Guenther travou ali relações com muitos dos habitantes das árvores e das matas dos arredores de Olinda: saguins, cobras, timbus.

Viu muito pássaro: curió, papa-capim, vira-bosta, sabiá, rouxinol, sanhaçu. Viu papagaios, araras, periquitos. Viu muita borboleta. Ouviu muito passarinho cantar nos jardins de Olinda, nas árvores do convento, nas plantações e campinas dos arredores, pelos telhados das casas velhas e das igrejas. Uma vez ouviu um canto tão triste que lhe pareceu um *memento mori:*

Era o canto do chamado "sem fim".
Ouviu os sapos de Olinda "na solidão das noites úmidas":

Pfui! Pfui!

E conta que um irmão de São Bento chegado há pouco da Europa estava uma vez tomando banho no riacho de uma fazenda dos frades quando ouviu aquele "pfui! pfui!" O homenzinho pensou que era voz de gente; vestiu-se às pressas e correu.

Ouviu ainda Guenther as cigarras nos fins das tardes. Ouviu os grilos. E sentiu as picadas dos maruins da Tacaruna.

O que alarmou o naturalista Guenther em Olinda como noutras partes do Brasil foi a falta de proteção às árvores, às plantas e aos animais e principalmente aos pássaros. Não se inteirou – ao que parece – dos horrores de devastação causados pelas usinas com suas caldas. Mas soube da liberdade que se tem aqui para caçar qualquer animal, apanhar borboletas e besouros, pegar passarinhos, poluir as águas, matar os peixes.

Felizmente não viu em Olinda nem no Recife a indústria de quadros, cinzeiros e tampas de caixa feitos de asas de borboletas para servirem de *souvenirs* aos turistas: indústria que é um dos horrores do Rio e está acabando com as borboletas da Tijuca e do Corcovado. Nem nenhum convento de Olinda se ocupa de fazer obras de penas de pássaros para vender, como no convento de religiosos que Gardner conheceu na Bahia.

"O templo mais glorioso de qualquer país é a sua natureza; os pássaros, os animais são ornamentos vivos dêsse templo: quem não os respeita está roubando o seu próprio país..." Palavras um tanto solenes do naturalista Guenther. Seu sermão do monte – do alto de São Bento em Olinda – para todos os brasileiros esquecidos dos seus deveres para com as árvores e os bichos do seu país.

Olinda tem visto pedaços preciosos de suas igrejas – jacarandás, pratas, ouros, quadros inteiros de azulejos – arrancados dos templos por agentes do comércio de antiguidades. Ela sofre ainda hoje desses ultrajes. Mas não só sua tradição tem sido ultrajada: também sua natureza. Trechos enormes das matas dos seus arredores tem sido devastados pela indústria de lenha e de carvão – à qual se entregaram os próprios colonos alemães que se estabeleceram nas matas de Catucá; muito passarinho tem sido morto à-toa às margens do Beberibe.

As igrejas se acham hoje defendidas não só pelo maior zelo de algumas autoridades eclesiásticas, das irmandades e das confrarias como pelas leis do Estado e pelas da Nação: principalmente pela Diretoria do Patrimônio Histórico e Artístico Nacional, que tem em Pernambuco a sede de sua 4ª Região. É necessário que olhos igualmente vigilantes e leis igualmente severas protejam os restos de matas dos arredores da velha cidade, os seus pássaros, as suas borboletas, os seus peixes dos seus rios. Do contrário só restará o "sem-fim".

Os Bispos

FOI o Rei Dom Pedro II de Portugal quem criou o Bispado de Pernambuco, fazendo cabeça do mesmo a cidade de Olinda. Em 1678, Dom Estêvão Brioso de Figueiredo, clérigo do hábito de São Pedro, era recebido pelos olindenses como primeiro bispo sagrado. O primeiro de uma série de bispos amigos dos pobres e exemplares pela sua fé e pela sua piedade e alguns também pelo seu saber.

Dos bispos que se seguiram a Dom Estêvão Brioso vários foram homens notáveis pela piedade ou pelo saber. Dom Matias de Figueiredo e Melo, que em 1688 tomou posse do Bispado de Olinda, distinguiu-se como amigo dos pobres e também pelo seu desassombro em enfrentar poderosos do dia: até com o Marquês de Montebelo teve desavenças. Por amor da religião e do povo arriscou o cargo e a saúde. Naqueles dias, os pobres eram muitos na cidade de Olinda: sua pobreza contrastava com as ostentações de luxo dos ricaços. A monocultura latifundiária e escravocrática – o furor de só se plantar cana – já se fazia sentir em crises de víveres. Inclusive na falta da própria farinha de mandioca. Para aliviar os pobres de Olinda dos efeitos de uma dessas crises terríveis, o Bispo Dom Matias mandou comprar farinha em barcos, às margens do São Francisco; depois, na igreja de São Sebastião, repartiu-a com a pobreza da cidade, dizem os cronistas que sem reservar nenhuma para sua casa, passando dias seguidos comendo coco. Para melhor ajudar o povo na sua aflição, chegou a vender os móveis do seu uso. Morreu em Olinda, ainda moço: aos quarenta anos. Foi sepultado na catedral ao lado do Evangelho, na capela-mor, sob uma pedra com as suas armas de bispo e um epitáfio que traduzido do latim diz:

> "Jaz nesta sepultura o varão que
> por todos os títulos mereceu a imortalidade
>   ou porque bem vivesse
>   ou porque morreu
> santamente D. MATIAS DE FIGUEIREDO E
>   MELO, Bispo de Olinda; o qual se
>   olhares para a saudade de
> seu rebanho, viveu pouco; se para as
>   suas ações praticadas em seis
> anos, viveu bastante; se para a calamidade

> dos tempos, viveu mais que muito;
> se para as memórias das
> suas obras, sempre há de viver.
> Morreu aos 40 anos de
> idade, no de Cristo de 1694."

Dom Matias foi talvez o mais santo e mais cristão dos bispos de Olinda. Hoje ele seria acusado de "comunista" ou "agitador". Mas não faria caso. Mesmo porque sua fé, como a de Dom Brioso, era tão grande como sua caridade. Que é o que se espera de um bispo verdadeiramente cristão.

Outros bispos notáveis honraram este bispado: Dom Frei José Fialho; Frei Luís de Santa Teresa; Dom José Joaquim da Cunha Azeredo Coutinho; Dom João da Purificação Marques Perdigão – que se salientou na pacificação de Pernambuco depois da Guerra dos Cabanos; Dom Manuel de Medeiros; Dom Francisco Cardoso Aires; Dom Frei Vital Maria Gonçalves de Oliveira – o "*mio caro Olinda*" de Pio IX – famoso não só na história da Igreja como na do Império pela bravura com que defendeu sua autoridade de bispo; Dom João Esberard; Dom Manuel Pereira; Dom Sebastião Leme.

Azeredo Coutinho, quando bispo de Olinda, prestou bons serviços à causa de renovação do ensino no Brasil: fez do antigo Colégio dos Jesuítas não só um Seminário para formar padres como uma escola secundária moderna, com ensino não apenas de Latim mas até de Desenho. Quase um escândalo para a época. Tollenare não hesitou em comparar o Seminário que aquele bispo fundara em Olinda com os liceus departamentais da França.

Não houvera até então – 1796 – escola secundária tão desenvolvida no Brasil. O Seminário fundado por Azeredo Coutinho na sua diocese dá a Olinda um lugar saliente na história da instrução em nosso país.

Um dos professores do novo Seminário – professor justamente de Desenho – foi o Padre João Ribeiro, depois herói e mártir da revolução de 1817. Diz-se, aliás, que o Seminário, dentro da orientação do Bispo Azeredo Coutinho, tornou-se um foco de liberalismo; alguns sussurram que até de heresia. Mas o Cônego José do Carmo Barata acha que não; e já disse e escreveu que Azeredo Coutinho foi não só grande como patriota e como sábio como grande também como bispo.

O turista, ao visitar o antigo e agora tristonhamente abandonado Seminário de Olinda, casarão simpático, talvez feioso – "feio e forte" – mas caracteristicamente luso-brasileiro, num dos altos da velha cidade, não deixe de se lembrar da figura boa de um bispo que pode ter tido, na época, seus excessos de semifisiocrata; mas foi útil ao ensino e ao país.

Os Jesuítas

MAS lembre-se de que o Seminário de Olinda – como colégio – não começou com aquele bispo: veio, como casa de ensino e centro de estudo, dos primeiros tempos da colonização do Brasil. Fundação, por conseguinte, dos jesuítas, que nesses primeiros tempos foram figuras tão heroicas em todas as partes do Brasil, dedicados sinceramente à religião e a princípio querendo fazer dos índios, dos mestiços e dos filhos dos colonos, não só bons cristãos mas pichosos bacharéis e letrados. Segundo os cronistas de Olinda, foi em 1568 que o Padre Luís de Grã estabeleceu na sede então da Capitania as primeiras classes, tendo o colégio se fundado oito anos depois. Em 1630 o edifício do colégio dos jesuítas era um dos mais nobres da cidade; foi queimado no ano seguinte pelos holandeses mas reconstruído depois da Restauração.

O antigo colégio e depois Seminário – hoje abandonado – de Olinda tem esta tradição magnífica: aí o Padre Antônio Vieira ensinou Retórica. Tinha só dezoito anos. Ainda se pode ver a cátedra de onde, segundo uma tradição da casa, o adolescente de gênio ensinou e falou aos discípulos. Outras sombras ilustres de jesuítas estão ligadas a este sítio: a de Nóbrega, a de Grã e a de Gouveia.

E quem sabe se não foi no alto do monte do colégio que o inglesinho John Martin – que no Brasil tomou o nome de Almeida – sentiu o impulso mais forte para se opor aos desejos do sexo – tão grandes numa colônia tropical cheia de índias nuas e de negras quase despidas como o Brasil daquele tempo – mutilando o corpo?

Os jesuítas estiveram em Olinda até 1760, quando foram expulsos por ordem de Pombal e seus bens confiscados.

BISPO AZEREDO COUTINHO (SEGUNDO RETRATO EXISTENTE NO SEMINÁRIO DE OLINDA)

PADRE ANTÔNIO VIEIRA (SEGUNDO GRAVURA ANTIGA DE ARNOLDO VAN WESTERHOUT)

Olinda nas Cartas Jesuíticas

HÁ MUITA carta jesuítica sobre a Olinda dos primeiros tempos. Inclusive sobre as famílias. Sobre a vida mais íntima da gente olindense. Em 1551 o Padre Nóbrega escrevia de Olinda: "Duarte Coelho e sua mulher sam tam virtuosos quanto he a fama que teem [...]". Dez anos depois escrevia Rui Pereira: "A Senhora Governadora que se chama D. Beatriz he por extremo devota, quando chegamos acertou de estar em um seu engenho, fora da villa uma legua e como o soube á tarde, com ter uma sobrinha muito doente diz que toda aquella noite não poude dormir com alvoroço e como foi manhã sem sabermos nada já estava na nossa egreja".

Em 1551, em carta de 2 de agosto, o Padre Antônio Rodrigues dissera da gente de Olinda ou Pernambuco: "melhor gente que de todas as outras capitanias". Mas essa "melhor gente que de todas as outras capitanias" tinha entre si suas rixas tremendas. Em 1563 era o Padre Antônio Sá quem informava: "Ouve grandes odios em esta Capitania entre os principaes della, como he entre o Capitão Jeronymo de Albuquerque seo tio e seo genro Felippe Cavalcanti, coisa que nunca poude acabar o Padre que aqui está [...]".

Sé

A Catedral e os Cônegos

A CATEDRAL teve desde o primeiro bispo grande relevo na vida de Olinda: não só pelos seus bispos como pelos seus cônegos, em geral mais enraizados a Olinda que os outros padres; e alguns, bairristas até à alma. Quando em 1833 o Bispo Dom João da Purificação Marques Perdigão decidiu fixar na cidade do Recife, entre as árvores da Soledade, a residência episcopal, o cabido levantou-se. Os cônegos se zangaram; e protestaram com certo ruído contra o ato do bispo. Ao ofício que o bispo lhe dirigiu a 25 de abril daquele ano, o cabido respondeu a 28 dizendo que não concordava com semelhante ato: "importava uma tacita renuncia da cathedral e do bispado, deixando como que em abandono a cidade episcopal de Olinda". O povo de Olinda juntou-se ao cabido: ambos dirigiram representações ao Governo Imperial no sentido de impedir que o bispo transferisse a residência episcopal para o Recife. Mas já Dom João estava de posse da autorização do Governo para a transferência; e o encarregado de negócios do Brasil em Roma, em entendimento com a Santa Sé no sentido da concessão das dispensas necessárias. Deixou assim a Catedral de Olinda de ser o centro de vida religiosa de Pernambuco que fora até então: desde os tempos da velha Sé.

Igreja do Salvador do Mundo-Sé

ESSA velha igreja por assim dizer matriarcal data dos primeiros dias de Olinda. À sua sombra de mãe tem nascido e morrido muita igreja por todo este Nordeste. Foi igreja paroquial – Igreja do Salvador – e depois Sé.

Atravessou a guerra holandesa. Os holandeses lhe faltaram com o respeito, mas não a destruíram. Ao contrário: depois, ela cresceu. Tornou-se catedral.

Tem dado sepultura a vários bispos: Dom Matias – "o bispo santo" da tradição olindense – Dom Francisco Xavier Aranha, Dom Francisco Cardoso Aires, Dom João da Purificação. No século XVII, sofreu grandes reparos que só terminaram em 1711. Quase uma reconstrução.

Até que em 1911 iniciou-se a reforma que reduziu a velha igreja a um gótico de caricatura. O reformador esmerou-se em acatitar a igreja; emagrecer-lhe as torres foi talvez o seu maior cuidado de esteta. A catedral perdeu então seu ar de matriarca gorda.

Durante essa infeliz reforma houve até profanação: da sepultura de Dom Matias retirou-se a campa de mármore que foi então posta sobre a sepultura de outro bispo: Dom Francisco José Maria de Araújo, na capela de Santo Cristo. Verificou-o o paciente investigador do passado olindense, Pereira da Costa, que protestou contra o ultraje.

Já depois de 1930, a Catedral de Olinda sofreu reparos por iniciativa do Arcebispo Dom Miguel Valverde, a quem se devem também trabalhos de conservação do Seminário; e esses reparos de algum modo atenuaram os horrores da reforma de 1911. Mas esforço nenhum será capaz de reconstruir a velha Sé, da qual desapareceram, por ocasião daquelas obras, painéis a óleo, quadros inteiros de azulejos, jacarandás, ornamentos de talha.

Já estavam então desfalcados de documentos preciosos os dois grandes armários embutidos nas paredes da sala das reuniões capitulares nos quais por muitos anos se conservara, com outros mss. de valor, o chamado *Livro velho da Sé.* Poucos os papéis da velha Sé de Olinda que chegaram aos nossos dias. Alguns, do tempo do Bispo Dom José Fialho e do Bispo Dom Fr. Luís de Santa Teresa, pude há alguns anos copiar, graças à gentileza do Cônego Dr. José do Carmo Barata. Ao Cônego Dr. Barata deve-se uma interessante *História eclesiástica de Pernambuco* na qual muito se fala de Olinda.

Os Conventos

OLINDA está cheia de conventos. Já se disse que quando Gardner esteve em Pernambuco em 1837, foi a Olinda ver as plantas do Horto. Jantou com um senhor chamado Cunha, que fora educado na Inglaterra, e depois do jantar deram uma volta pela cidade. O naturalista quis ver também as obras de arte tradicional.

Gardner notou nesse passeio – como em 1821 notara Maria Graham – o grande número de igrejas e conventos. A cidade tinha então um ar meio triste com um vasto mosteiro já em ruínas e algumas das boas casas antigas de residência abandonadas. Crescia capim e até mato pelas ruas, embora algumas devessem ter calçadas de pedra de Lisboa. É o que nos faz supor o pedido, a quase súplica, que em 1819 o Senado da Câmara de Olinda dirigiu ao governador da Capitania e que consta de livro ms. do antigo arquivo da cidade: "Tendo este Senado de acudir as ruinas das calçadas desta Cid.ᵉ e o não podendo fazer em todas as partes precizas, ao menos se propõe a praticalo naquellas em que absolutamente se não possa dispensar e para assim o conseguir se lhe faz indispensável rogar e pedir á V. Excia. o queira ajudar sedendo e permittindo darlhe algumas canôas de pedra daquella q. as Embarcaçoens trazem por lastro e se acha lançada nas praias da Intendencia da Marinha nesse R.ᶜ por ser esta de muita duração do que há nesta cidade produzida de barro. Deos guarde á V. Excia. Por m.ᵗᵒˢ an.ᵒˢ Olinda em Camara 30 de jan.º de 1819".

Gardner parece não ter notado ruído nenhum de alegria ou de troça de estudante por essas ruas tristonhas: soube apenas que numa parte de um mosteiro em ruínas – que era o do Carmo – moravam estudantes; mas diz que estudantes "de Teologia e Medicina". O naturalista não se mostra, no seu livro, rigoroso em sua classificação da fauna acadêmica da Olinda de 1837.

Portão da Igreja do Carmo

O "Monge do Carmo"

O INGLÊS viu no mosteiro em ruínas o ermitão misterioso que lá morou muitos anos e em torno de quem se formaram tantas lendas: ainda hoje se fala em Olinda desse velho pecador arrependido que morava entre as catacumbas e comia entre as caveiras. Há até quem o veja tarde da noite vagando pelo monte do Carmo e lhe ouça a voz agoniada pedindo missa. Gardner soube que ele fora oficial do exército: aquela sua vida era de penitência por um crime que cometera na mocidade.

Desse penitente falam as próprias crônicas dos carmelitas de Pernambuco, segundo mss. que pude examinar, graças à gentileza do seu Provincial Frei José Maria Casanova. Desde moço que o tal "monge" se abrigara naquelas ruínas; envelhecera entre as catacumbas. Não respondia a pergunta nenhuma dos turistas daquele tempo, para os quais o "Monge de Olinda" se tornara desde os princípios do século XIX uma das atrações da cidade já em decadência. "Nem ao menos o seu próprio nome declinava. Constava porém que era homem de família distinta; que mão oculta lhe ministrava sustento; e que talvez grande desgosto o fizera fugir da sociedade e isolar-se naquela 'horrível habitação'".

Em 1851 estudantes do Curso Jurídico foram ver de perto o "monge" e as ruínas do Carmo. Um deles descreveu a visita: suas impressões constam do referido arquivo dos carmelitas. O "monge" era um velho alto. O cabelo grande e a barba grisalha mal deixavam ver o rosto, que já parecia o de um cadáver. Vestia uma batina de lã preta e tinha numa das mãos um livro e noutra uma caixa de rapé. Devia ter sido homem de instrução superior pois as paredes das catacumbas estavam rabiscadas de figuras geométricas, desenhos, cálculos matemáticos e quadros alegóricos ao "terrível fim que nos aguarda". Numa das catacumbas o "monge" dormia.

Ruínas do Carmo

O "MONGE" era parte das ruínas do convento; e essas ruínas desde a primeira metade do século XIX que se tornaram um dos aspectos característicos da fisionomia de Olinda. Ruínas tristonhas mas com uns restos de grandiosidade que guardaram por muito tempo. Não só essas como outras ruínas de Olinda, que ainda hoje o turista pode ver. As de Santo Amaro do Serrote, por exemplo. Diante delas se sente a luta entre o mato pagão e a pedra cristã. Entre a Mata e a Cidade. Entre a Europa e o Trópico. E o turista europeu nota que não está diante de ruínas líricas em que a natureza apenas refresque a tradição, mas de ruínas dramáticas e até trágicas: o trópico reagindo contra a intrusão europeia – conventos, fortalezas, casas-grandes – com todos os seus ácidos; inundando todas essas massas de pedras e cal de uma água que corre por dentro das paredes como se fosse um pus vegetal; atacando-as a cupim; desfazendo suas traves em pó.

O Convento de Santo Antônio do Carmo da Cidade de Olinda fora um dos vastos mosteiros que os portugueses começaram a erguer no Brasil no primeiro século de sua colonização. Quase uma fortaleza marcando a conquista deste pedaço da América tropical para Nosso Senhor Jesus Cristo. Começadas as obras em 1588, um documento do arquivo dos frades deixa ver que em 1615 não estavam concluídas. Eram obras grandes: arrastaram-se com algum vagar.

Tudo indica que a decoração das capelas da igreja do Convento do Carmo foi das mais ricas da época, concorrendo para elas com doações e dinheiro alguns dos senhores de terras mais opulentos de Pernambuco. Tornou-se famosa a imagem de N. S.ª da Boa Morte do convento, que tendo vindo da Lisboa numa charrua, esta, já no porto, foi numa noite de tormenta de encontro aos arrecifes, afundando. "E só livrou o caixão com a imagem Santíssima da Senhora, que andou tres dias combatido das ondas [...]". É o que conta um frade cronista, Frei Agostinho de Santa Maria, no tomo IX do seu *Santuário Marianno,* escrito no ano de 1722. Conclui o cronista que a imagem não sofrera lesão nenhuma das águas do mar, guardada e defendida como foi pelos anjos: "e só se viu que lhe faltava um dedo. E mandando-se-lhe fazer outro, de varias materias, a Senhora de nenhum quiz acceitar, e alfim lhe pozeram naquelle lugar um rico annel de pedras preciosas para encobrir a falta".

Essa N. S.ª da Boa Morte foi uma das nossas senhoras mais milagrosas que segundo a tradição e as crônicas, teve Olinda; sua festa tornou-se uma das mais pomposas; e diz-se que foi ela que em 1686 livrou os religiosos do Carmo da terrível epidemia que assolou Pernambuco.

Não se sabe se já estava N. S.ª da Boa Morte no seu altar do convento ao chegarem os holandeses a Pernambuco em 1630, quando cheios de fúria procuram destruir não só igrejas como conventos e sobrados de residências de Olinda, poucos edifícios tendo escapado ao fogo dos hereges. Alguns cronistas pensam que o Convento do Carmo escapou ao fogo de 1631; é o que parecem indicar lajes de sepultura e inscrições de capelas anteriores à invasão dos flamengos.

Sabe-se que em 1704 a Igreja do Carmo de Olinda passou por um reparo geral; que anos depois foi de novo reparada; que em 1726 levantou-se a torre do lado do sul. As duas torres da igreja continuam de pé e merecem uma visita.

Do convento é que só há hoje um ou outro vestígio. Sua ruína não se sabe precisamente em que época principiou: nos começos do século XIX, talvez. Em 1907 foi demolida a fachada principal – a última que restava de pé. Conservou-se apenas a porta do vestíbulo da portaria. Desapareceu então o que havia de mais grandioso nas ruínas do Convento do Carmo de Olinda. De grandioso e de comovente.

Um poeta de 1900 chamado Ciridião Durval afoitou-se a descrever as *Ruínas do Convento do Carmo de Olinda* em versos cuja filosofia o turista poderá transferir para a contemplação de outras ruínas de Olinda; ruínas menos grandiosas, talvez, mas em todo caso ruínas; e das mais antigas e veneráveis que se podem encontrar na América. Agora os versos de Ciridião Durval:

> [...] *Ali em qualquer parte*
> *se encontram pelos chãos apodrecidos troncos,*
> *tijolos, capitéis, cornijas, forros, naves,*
> *mosaicos, inscrições e restos mal dispersos*
> *que bem posso chamar uma porção de versos,*
> *estrofes imortais de um clássico poema.*

Igreja do Carmo

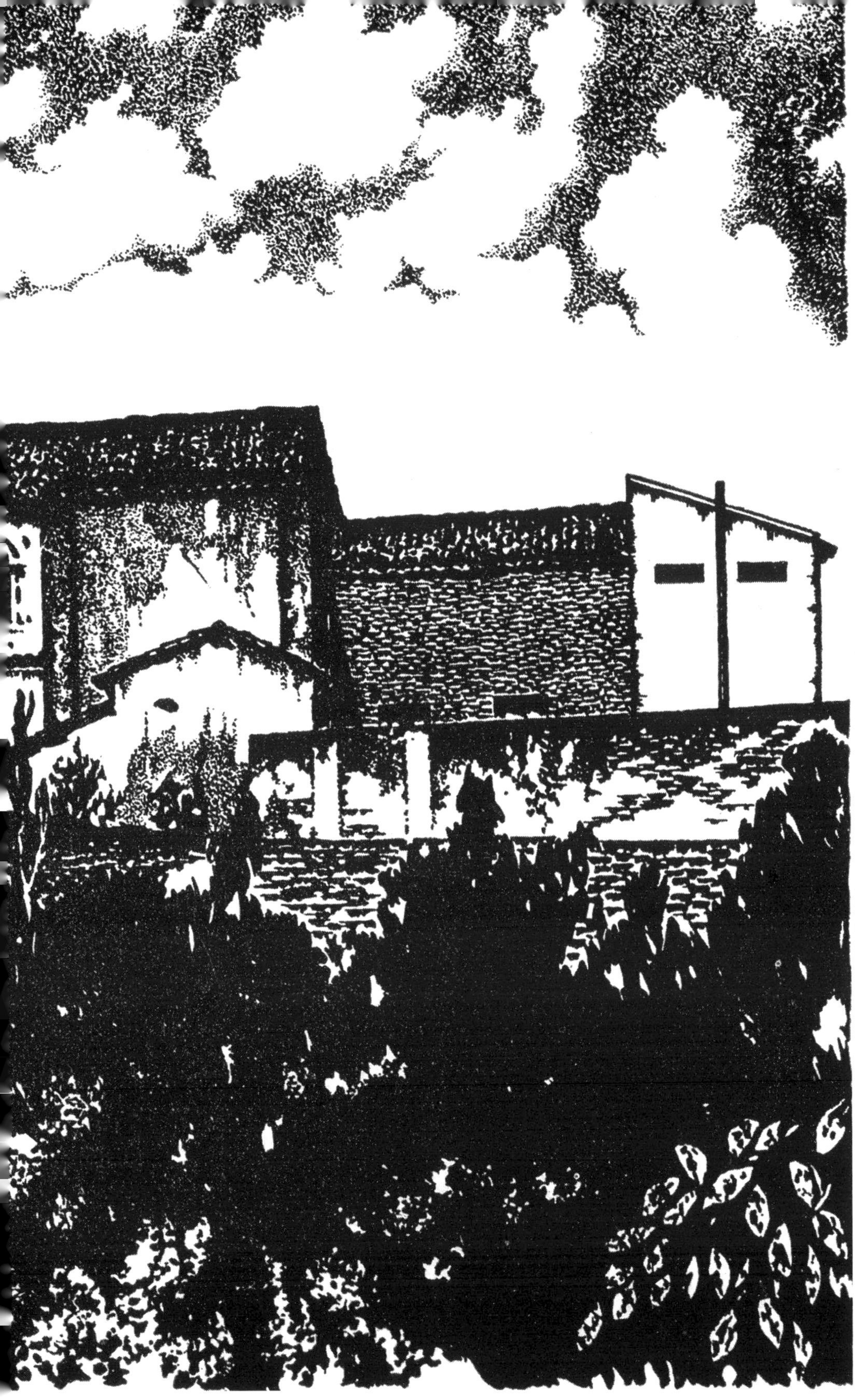

> [...] Nos grotescos montões de barro a trepadeira
> tece o fino cipó, abrindo feiticeira
> os singelos botões de umas fragrâncias puras;
> e nas lascas de pedra, em meio das fraturas,
> rebentam festivais as lânguidas plantinhas
> tacharradas também de múltiplas florinhas.
>
> [...] Estive lá por dentro
> contemplando abismado a secular grandeza.
> – Que silêncio acolá! Monástica tristeza
> por aquele recinto inteiro se desliza.
> [...] A lâmpada quebrada,
> as crespas guarnições, os troncos da murada,
> a imagem poeirenta, a lápide marmórea,
> tudo, tudo fascina e traz-nos à memória
> os feitos triunfais dos bravos lutadores
> um plácido viver coberto de mil flores,
> [...] tantas coisas enfim que são para todos nós,
> relíquias divinais...
>   E assim, vê-se o Passado
> desdobrar-se vivaz no corpo mutilado
> de um colosso qualquer.

Pelo desaparecimento do Convento do Carmo – cujas ruínas, no estado em que se encontravam em 1907 (foi nesse ano que a Prefeitura de Olinda mandou derrubá-las), poderiam ter sido conservadas com vantagem para a estética e para o patrimônio histórico da cidade – foram responsáveis, em grande parte, os próprios carmelitas. As crônicas desse frades (que seguindo o bom exemplo do grande Leão XIII não escondem, como outros religiosos, os seus arquivos aos pesquisadores independentes, nem os reservam para a sua gente de confiança e para as ostentações que esta faz, em livros e outras publicações, de "objetividade" e de "virtudes científicas" ainda mais altas, sem entretanto se poder verificar – não sendo o pesquisador "pessoa de confiança" da ordem, da congregação ou da irmandade – o material manipulado com maior ou menor perícia apologética por tais publicistas oficiais e oficiosos) nos deixam ver que o desleixo dos priores foi grande com relação ao Convento de Olinda. Em 1846 dizia-se muito em Olinda que os priores vindos da Bahia eram os primeiros a destruir o patrimônio do convento; e indicava-se o nome de um que "desempenhando o cargo por muitos anos vendeu até o coxim em que pousava a imagem da Senhora da Boa Morte no seu altar da igreja e a tábua dos soalhos dos pavimentos do convento"; e não fizera o mesmo com os sinos porque "teve notícia de que o povo da cidade, indignado e tumultuariamente, se oporia à sua saída". Daí o apelo, em 1853, do erudito carmelita pernambucano Frei Luís do Monte Carmelo ao provincial da Bahia para que destacasse para prior do Convento de Olinda "um religioso possuído de qualidade" e que soubesse "conservar por mais algum tempo aquele monumento religioso, um dos mais belos de Olinda e de simpatia dos fiéis". O que consta, como a informação anterior, do arquivo do Carmo do Recife. Aí se encontra também a informação de que a casa capitular da Bahia chegou a mandar administrar o Convento de Olinda certo Frei João do Amor Divino Mascarenhas que "vivia em escandaloso concubinato na cidade do Recife, deixando a igreja em completo abandono e consentindo que a parte que restava do convento fosse convertida em albergaria..." Até que em 1863 – consta de nota extraída do segundo *Livro de Tombo do Convento do Carmo do Recife* – foi de Olinda, preso, por embriaguez, e recolhido ao cárcere do Convento do Recife; fato – registra o prior do Recife, Frei Norberto da Purificação Paiva – "tão escandaloso e até hoje não visto nesta comarca do Recife". Diz entretanto a tradição que esse prior escandaloso era homem simpático; tinha muitos amigos: suas fraquezas talvez fossem compensadas por virtudes. Inclusive virtudes cristãs.

Tesouros de Conventos

OUTROS conventos de Olinda e igrejas sofreram, no seu patrimônio, de priores relapsos ou administradores desonestos. Ouro, prata, azulejo, livros – deixou-se que fossem retirados de Pernambuco. Nem por estarem destruídos muitos arquivos religiosos e por outros apodrecerem, fechados à investigação independente, ignoram-se esses fatos tristes. Nem todos os religiosos pensam, como os do Carmo – aos quais devem a Igreja e o Brasil tão bons serviços – que tanto a Igreja como o Brasil estão acima das fraquezas e dos erros dos homens outrora consagrados sinceramente ou não ao seu serviço.

Tudo nos leva a crer que fossem conventos de capelas riquíssimas, os da Olinda velha – mesmo depois do incêncio de 1631: com muito ouro, muita prata, muito jacarandá que hoje não se vê; com muita pedra preciosa cobrindo seus santos e muita teteia de valor enfeitando seus Meninos Deus. Os olindenses dos tempos coloniais gostavam de ostentar riqueza; e no enfeite dos santos e dos altares de sua maior devoção, na decoração das capelas dos conventos e dos colégios de padres, podia-se expandir aquele seu gosto de ostentação e ao mesmo tempo afirmar-se sua piedade de devotos do Carmo ou de São Francisco, de São Bento ou da Companhia.

Por outro lado, os conventos eram para alguns uma espécie de bancos; e muito ricaço dava aos frades ou aos padres da Companhia suas joias e moedas para que as guardassem bem guardadas com os ouros, as pratas e as pedras preciosas de Nossa Senhora e dos Santos. Daí muita lenda que corre em Olinda de subterrâneos de conventos cheios de ouro. Para alguns, esses subterrâneos guardam até hoje, nas suas sombras cheias de cobra, de morcego, de sapo, tesouros esquecidos pelos frades ou escondidos pelos jesuítas. Porque as histórias de tesouros em subterrâneos, em Olinda como na Bahia, estão principalmente ligadas aos jesuítas. Nesses tesouros acreditava aliás o Marquês de Pombal.

No seu interessante livrinho *Missionários jesuítas no Brasil no tempo de Pombal,* o Padre Antônio Fernandes, jesuíta, recorda que tendo o magistrado encarregado de cumprir na Bahia as ordens do governo de

CLAUSTRO DE SÃO FRANCISCO

Lisboa, isto é, de Pombal, exigido a entrega ao Tesouro Público do dinheiro em poder dos jesuítas, e tendo se achado apenas perto de mil e duzentos escudos romanos, o mesmo magistrado "riu-se muito com o Vice-Rei, Conde d'Arcos, da muita ingenuidade de Carvalho, que esperava, segundo constava das suas cartas, enriquecer a fazenda pública com os imensos tesouros dos jesuítas". A ingenuidade não se sabe se estaria em acreditar nesses "imensos tesouros", se em supor que os bons padres os entregassem ao Governo tirânico. De qualquer modo, informa Silva Campos que, pelo menos na Bahia e "sem embargo das burras da Casa da Moeda", aos padres "era confiado também o dinheiro del-Rei". E o que é certo é que existem subterrâneos de conventos ou de colégios de padres, em Olinda como na Bahia, e que neles é que talvez se guardassem valores – senão tanto, quanto – em dias difíceis ou por segurança, desde que alguns conventos faziam as vezes de bancos. Certo também que há muita lenda em volta desses subterrâneos – histórias de serpentes e até de dragões que hoje defendem os tesouros, ou restos dos tesouros, dos profanadores; que muita gente tem sonhado com dinheiro ou ouro enterrado em tais subterrâneos; que alguns se têm aventurado a escavações; que ainda há pouco se fez uma escavação dessas perto dos Peixinhos, com tal certeza de descobrir um tesouro que só parece que se seguia roteiro.

Dos subterrâneos de Olinda destaca-se o de São Francisco ao Bom Sucesso. Tem princípio na Igreja de São Francisco. Diz-se que foi construído pelos holandeses na época em que dominaram Olinda; mas foi talvez obra dos padres. Tem uma passagem para o sítio do Sr. José Dourado que há sete ou oito anos atrás foi fechada pela Prefeitura. Comunica-se com o antigo Colégio dos Jesuítas, hoje Seminário, passando depois pelo sítio Hortinha de propriedade da família Manguinho. Atravessa a Rua do Bom Sucesso e entra por uma galeria perto da Bica do Rosário, indo terminar na igreja. Está quase todo obstruído.

Outro subterrâneo de Olinda que merece destaque é o do Fragoso ao Monte. Tem princípio na antiga Igreja de Santo Amaro de Fragoso e termina na Igreja do Monte. É difícil acompanhá-la devido à grande mataria que existe sobre todo o seu percurso.

Há ainda o subterrâneo do Carmo a São Bento. É o menos conhecido. Entretanto, o fato é que na Igreja do Carmo existe uma passagem secreta do interior da igreja para o lado esquerdo do templo, passando por baixo do local do antigo cemitério da igreja. Supõe-se ter havido comunicação subterrânea do Carmo com o Mosteiro de São Bento, em face da abertura descoberta há alguns anos, quando se rasgava – informa um velho olindense – uma das novas avenidas. Essa abertura fica bem próximo ao muro que desce para o pequeno horto de mudas da Prefeitura.

Merece também a atenção do turista mais curioso do passado de Olinda o velho viveiro com muralhas de alvenaria e alguma coisa de grandioso que fica no fundo do quintal da casa da família Peixoto Guimarães, à Rua de Santa Teresa.

Convento de São Francisco

DOS conventos de Olinda, hoje de pé e com religiosos, que merecem a visita do turista, destaca-se o de São Francisco, fundado em 1585, incendiado pelos holandeses em 1631 e reconstruído de 1715 a 1755 – ano em que terminaram as obras de reconstrução. Do primeiro convento ficaram a cisterna, reparada e melhorada em 1745, além de ruínas de dependências, tanques e lavatórios.

O interior da igreja do convento ostenta painéis de azulejo representando a vida de Nossa Senhora que são dos mais bonitos de Olinda. Na portaria se veem seis painéis de azulejos e no claustro dezesseis sobre a vida de São Francisco. Mas os mais raros pelo colorido e mais surpreendentes pelos assuntos – todos profanos – são os do corredor da sacristia. Esta se impõe à admiração do visitante pelas suas cômodas de jacarandá entalhado. São cômodas que pertencem àquele tipo de móvel brasileiro talvez mais patriarcal que de convento – é difícil de estabelecer a distinção, de tal modo se foram parecendo os móveis mais pesados das casas-grandes com os dos mosteiros mais ricos – que parece criar raízes no chão.

Para o Professor Aníbal Fernandes – antigo inspetor de monumentos históricos do Estado – data provavelmente do convento primitivo a capelinha onde se vê um "velho altar entalhado" e onde se encontra "a sepultura do Capitão Francisco do Rego Barros e de sua mulher D. Arcângela da Silveira, coberta por uma lápide de mármore com o brasão de armas".

A sacristia do Convento de São Francisco está há anos sob uma terrível ameaça – a de ser destruída pelos efeitos, sobre seus alicerces, de infiltrações das águas do mar: "um mar que vem conquistando terras a Olinda e devorando árvores e casas. Não satisfeito com tantas conquistas, quer o donjuam dar-se ao luxo de conquistar a Sacristia de São Francisco": uma das joias mais preciosas e mais antigas de Olinda.

Mosteiro de São Bento

MOSTEIRO DE SÃO BENTO data de 1599, quando terminaram as obras de sua primeira construção no sítio chamado Olaria, nas imediações do Varadouro, sítio comprado pelos frades e Gaspar Siqueira e sua mulher Maria Pinto. O casal tinha ali olaria, com forno e casas, e vendeu tudo aos frades pela quantia de R.^{s} 250$000 com a condição de uma missa por semana em atenção deles, celebrada na igreja que os religiosos levantassem; e também de uma sepultura na mesma igreja onde seus ossos descansassem em paz.

A primeira construção, dizem as tradições, era um belo edifício. Arruinado com o incêndio de Olinda pelos holandeses, o mosteiro foi depois reparado; mas aos poucos. Durante algum tempo, informa o cronista Pereira da Costa num dos seus mss. que os beneditinos de Olinda moraram num sobrado do Recife: "nos altos de uma casa de dois sobrados situada na rua da banda do mar que vai para a travessa da praça dos judeus". Pela escritura de doação da capela de Nossa Senhora dos Prazeres dos Montes Guararapes, feita aos religiosos dos Montes Guararapes – capela que foi em 1938 reparada cuidadosamente pela Diretoria do Patrimônio Histórico e Artístico Nacional, atendendo a que é um dos monumentos pernambucanos de maior significação para o Brasil e para os brasileiros, pois comemora a vitória dos nossos avós contra os holandeses – vê-se que em 1655 estava o "Mosteiro do Patriarca S. Bento da Vila de Olinda em claustro pleno". Era abade Dom Diogo Rangel.

Diz-se que nos primeiros anos do século XVIII a comunidade beneditina em Olinda atravessou dias agitados. A agitação começou com o assassinato de uma mulher casada do qual foi dado como culpado o dom abade do mosteiro. Contra S. Rev.^{ma} se fez processo. No correr do processo apresentou-se um religioso vindo do Reino com uma patente do geral para tomar conta do abadiado. Os outros religiosos recusaram-se a obedecê-lo, porque, diziam eles, tinham outra patente do mesmo padre-geral em sentido contrário. O religioso insistiu. Lembrou uma reunião no Palácio do Governador, para o confronto das patentes. Os outros mostraram-se intransigentes. Diante do que Olinda assistiu a este espetáculo: o Mosteiro de São Bento cercado pelo terço de infantaria posto à disposição do padre reinol munido da tal patente de abade, pelo Governador da Capitania mediante parecer do cabido então no governo da diocese e depois de consulta a vários letrados. Cercados, os religiosos abandonaram o convento de cruz alçada e com o SS. Sacramento debaixo do pálio foram depositá-lo na Igreja de São Pedro Mártir. Diz-se mais – e este é o ponto que mais interessa a este *Guia* e não tanto os mexericos da sacristia, aliás quase sempre pitorescos e muito ligados à história social de Olinda – que tendo voltado o abade regular ao seu posto, desde que não ficara provada sua culpa no caso do assassinato da mulher casada, o provisório – um tal Dom Luís – antes de partir para Lisboa teria feito da batina um saco e arrebanhado quanto havia de valor no mosteiro. Inclusive o serviço de prata da igreja. Mas com tanta infelicidade que o navio cheio de ourama e da prataria de São Bento de Olinda naufragou, perdendo-se assim no fundo do mar – ai de vós, turistas de hoje! – a melhor e mais brilhante riqueza dos beneditinos de Olinda. É o que consta de um escrito da época, lido e resumido pelo pachorrento Pereira da Costa num dos seus mss.: preciosos mss. que tanto consultei ao juntar notas para a elaboração deste *Guia*. Diga-se de passagem que a erudição do honesto pesquisador em coisas de conventos explica-se pelo fato de em 1886 ter sido encarregado pelo Governo da Província de investigar o estado das bibliotecas e arquivos dos mosteiros de Olinda e do Recife. Trabalho que o tornou íntimo até de socavões e cafuas com restos de papéis antigos.

Nos meados do século XVIII, iniciou-se a reconstrução do Mosteiro de São Bento de Olinda, que resultaria no seu aspecto atual. Não se acabou de vez, mas por partes, essa reconstrução; pode-se dizer que foi trabalho feito com vagar ou paciência beneditina. Daí várias datas de acabamento das obras: uma em 1761; outra em 1779; ainda outra em 1783. E em 1860 fizeram novas obras de reparo.

O Mosteiro de São Bento de Olinda é para ser visitado com vagar. Nele há muito que ver e admirar. Ainda é um dos conventos mais interessantes do Norte do Brasil: mesmo sem aquela sua prata antiga, que a ambição do beneditino de Lisboa levou para o fundo do mar. Esqueceu, porém, o báculo e o resplendor de São Bento, bem como a cruz peitoral pendente de um cordão "tudo de ouro finíssimo e adornado de custosa pedraria", como informa Pereira da Costa. E é claro que não pôde levar as obras de madeira – das tais que parecem criar raízes no chão.

MOSTEIRO DE SÃO BENTO

A capela-mor da igreja do convento é uma das mais bonitas do Brasil, pelo douramento e pela ornamentação. A sacristia, opulenta de obras de talha em jacarandá, tem também, digno de se admirar, um lavatório de pedra. Veem-se ainda pinturas de episódios da vida de São Bento: algumas são interessantíssimas. Numa das salas do mosteiro se acham retratos de velhos abades e mestres da ordem do Brasil. Alguns, retocados, parecem antes caricaturas do que retratos. Obra de restauradores ineptos cuja marca se encontra por quase tudo que é igreja velha de Olinda.

As armas que figuram no frontispício da igreja do mosteiro – cuja entrada é tão simpática: imponente mas sem ostentação – são as da Ordem Beneditina. A fachada é de cantaria: sem pintura.

Mosteiro de São Bento

Em 21 de março de 1999, a Santa Sé deu à igreja abacial de São Bento o título honorífico de Basílica Menor (as Basílicas Maiores estão em Roma). Em 2001, o retábulo, o altar-mor e as imagens de São Bento, sua irmã Santa Escolástica e do papa beneditino São Gregório Magno foram desmontados em gigantesca e cientificamente orientada operação de restauro e transporte para o Museu Guggenheim de Nova York, como principal atração da exposição Brazil: Body and Soul. Montado no imenso hall do moderno edifício projetado por Frank Lloyd Wright, previamente pintado de preto, o retábulo olindense despertou enorme sucesso, obrigando o Guggenheim a prorrogar o prazo da exposição. Seis meses depois, as peças voltaram a seu lugar na capela-mor da basílica de São Bento. O coral dos beneditinos de Olinda tem dado recitais de canto gregoriano no Brasil e no estrangeiro. Os CDs podem ser adquiridos na portaria do Mosteiro.

Santa Teresa e Conceição

O CHAMADO Convento de Santa Teresa é hoje um recolhimento de meninas órfãs; sua igreja, do século XVIII, uma das mais interessantes de Olinda; seu nicho de pedra "em estilo Renascença com modificações barroco" (Aníbal Fernandes), uma das notas mais características da fisionomia da cidade.

O interior merece uma visita: oferece aos olhos dos turistas painéis de azulejos em três cores representando a vida de Santa Teresa; e os altares, as tribunas do coro e os confessionários são também dignos de ser vistos.

Aqui os carmelitas descalços tiveram o seu convento. Tollenare almoçou com eles: "o peixe era excelente". Ainda hoje, pode-se ver na cozinha das freiras do orfanato – que são irmãs de São Vicente de Paulo – um grande pilão de pedra do tempo dos frades.

Um recolhimento de Olinda que se tornou célebre pelos seus doces chamados "doces de freiras" foi o da Conceição de Olinda, no alto da Misericórdia. O engenheiro francês Louis Léger Vauthier conta no seu diário ms. (1840-1846), cuja tradução foi publicada pelo Serviço do Patrimônio Histórico e Artístico Nacional, que vinha às vezes a cavalo do Recife a Olinda comprar "doces de freiras". Outros gulosos faziam o mesmo.

Em Olinda, o comprador de doces não via as religiosas quituteiras: a transação se fazia por meio de uma tábua que rodava com os pratos de doces e recolhia o dinheiro. É o que nos informa Gardner.

Santa Teresa se distingue na arte de bordado, de trabalhos de agulha, de costura fina. As boas religiosas do orfanato e as moças que elas educam são ainda hoje peritas nesses trabalhos. Fazem enxoval para casamento, para batizado, toalhas de chá. Fazem renda e bico. Bordam a ouro.

Há também em Olinda freiras alemãs – as beneditinas da Misericórdia – que fabricam um bom licor; as freiras de Santa Teresa preparam um chá de mastruço para tosse que é muito procurado; e fazem doce de jenipapo. Felizmente nenhum recolhimento ou convento de Olinda se entrega àquela arte devastadora da natureza que Gardner conheceu num convento da Bahia: a de trabalhos com penas de pássaros da região.

RECOLHIMENTO DA CONCEIÇÃO

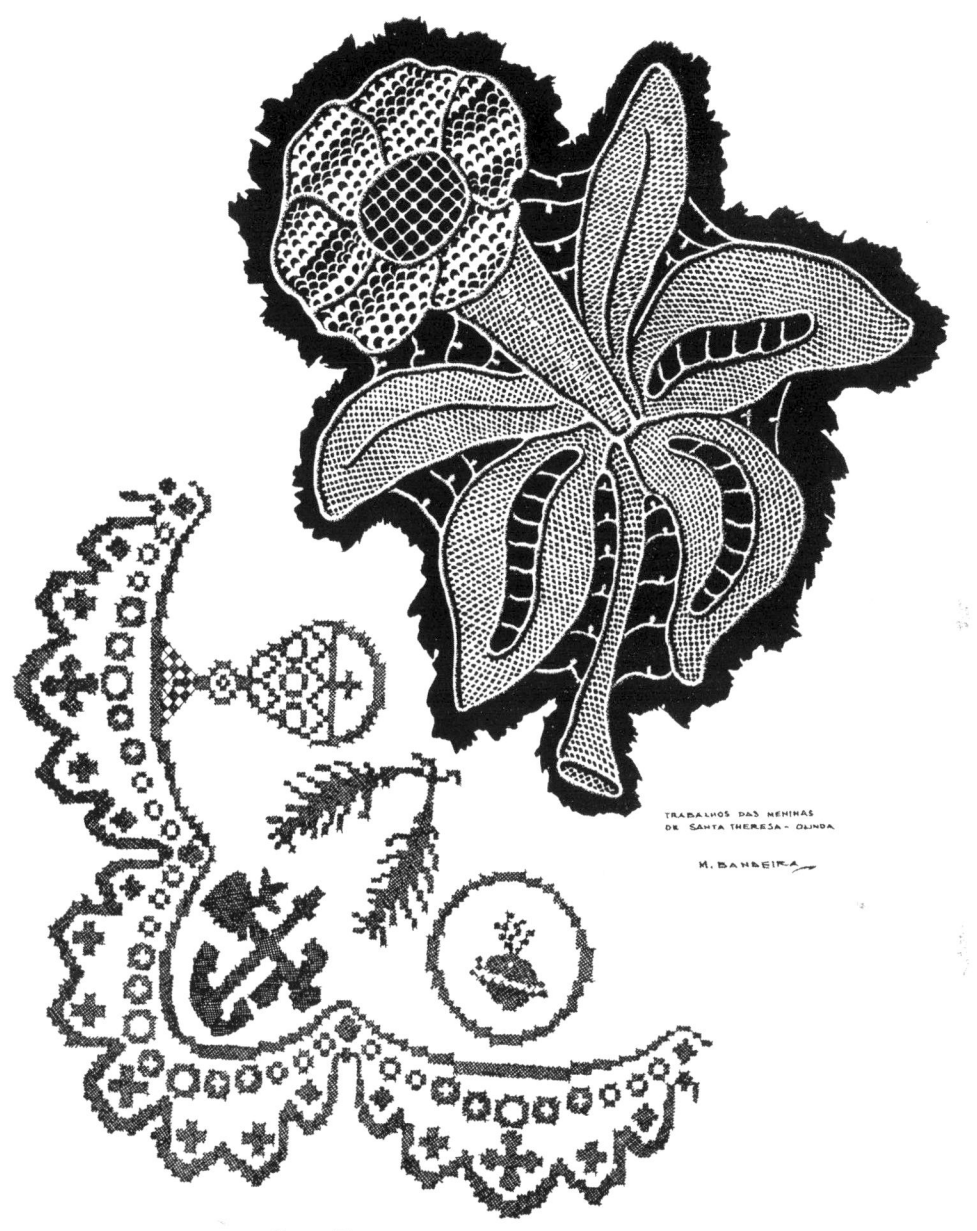

TRABALHOS DAS MENINAS DE SANTA TERESA

Onde está hoje o Orfanato de Santa Teresa – primeiro, orfanato de meninos, depois, de meninas – estiveram até 1823 os religiosos "teresos" ou carmelitas descalços, desde o século XVII estabelecidos em Olinda. Como prestassem obediência aos reis de Portugal, tornaram-se suspeitos aos patriotas brasileiros e foram expulsos da Província naquele ano de 1823. Tinham fama de frades ricos; ao terem de embarcar para o antigo Reino diz-se que conseguiram subtrair dinheiro e provavelmente valores à justiça que procedeu ao inventário dos bens da comunidade.

É tradição entre as irmãs de São Vicente de Paulo que no pátio da frente do antigo convento um boi cavou um dia o chão e apareceu uma imagem muito bonita de Nossa Senhora enterrada pelos frades. Essa imagem pode ser vista hoje num dos altares da igreja. Ficou conhecida como Nossa Senhora do Boi.

Igreja da Misericórdia

A PRIMEIRA Igreja da Misericórdia data de 1599; tanto que na atual se conservam as armas de Dom Sebastião, Rei de Portugal; no púlpito se veem ainda as armas da Casa da Áustria; e ao antigo inspetor estadual de monumentos de Pernambuco, o Professor Aníbal Fernandes, que em 1929 apresentou ao Secretário da Justiça do governo que estabeleceu o mesmo serviço – o governo de Estácio de Albuquerque Coimbra – relatório muito sugestivo, a pintura do teto da Misericórdia parece a primitiva. O arco do altar-mor é bonita obra de talha, ainda que talvez um tanto sobrecarregada: mas esse sobrecarregado de enfeites, se desagrada aos olhos habituados a artes mais finas, tem também seu encanto; e é decerto um dos característicos da arte mestiça, não só brasileira como portuguesa, da época. Os devotos novos-ricos de Olinda, como os da Bahia, só fizeram acentuar uma tendência que já vinha de el-Rei Dom Manuel.

Também merecem atenção, na Misericórdia, as sanefas das portas; e na sacristia, as cômodas de jacarandá e a pia de pedra portuguesa. Ainda na igreja, deve-se olhar para os painéis de azulejos. Alguns dos azulejos repare o turista que estão de propósito arranhados em certos pontos: naqueles em que os anjinhos bochechudos estavam anatomicamente completos. Resultado, a mutilação, de um puritanismo bem pouco católico e muito calvinista que talvez date da adaptação da igreja ao serviço do convento de freiras que hoje está instalado nesse alto de Olinda.

Seja dito de passagem que as boas freiras – cujo colégio é talvez o melhor de Olinda, para a educação de meninas – sem dúvida por falta, não tanto de orientação artística como de sentimento de tradição luso-brasileira, muito estragaram a fisionomia do alto da Misericórdia – um dos montes mais característicos de Olinda – com o edifício novo, que ali ergueram em desarmonia gritante com a velha igreja. O frontão do edifício intruso briga, mas briga de modo violento, não só com a Igreja da Misericórdia mas com a paisagem inteira do alto que devia ser um dos recantos de Olinda mais resguardados de inovações como essa e a da caixa-d'água que estupidamente se levantou perto do antigo Palácio dos Bispos.

O mesmo se fez em Santa Teresa: acrescentou-se um novo edifício ao antigo, sem nenhum respeito pela fisionomia tradicional já tão em harmonia com a paisagem: aquela harmonia de que o ecologista alemão Konrad Guenther escreveu no seu livro sobre o Brasil que era o encanto de cidades velhas como Olinda e a Bahia. Por isto lhe pareceu tão necessário ao nosso país a criação de um serviço nacional que cuidasse não só da conservação da beleza natural como de orientar a adaptação da arquitetura à paisagem.

E a base – a base somente, é bom que se acentue – para essa adaptação lhe pareceu a arquitetura colonial tal como ele a conheceu em Pernambuco e na Bahia, não tendo infelizmente ido a Minas Gerais.

Muitas vezes diz ele que os brasileiros lhe perguntaram, um tanto orgulhosos: "Não acha São Paulo uma cidade europeia?" E o Professor Guenther diz que nunca deixou de responder que não era para desejar fosse o Brasil um eco da Europa, mas, pelo contrário, que o maior motivo de orgulho para os brasileiros devia estar em que as suas cidades se conservassem genuinamente brasileiras em sua fisionomia e tão pouco europeias quanto possível. "Quando penso no Brasil" – escreveu o alemão no seu livro – "não é o Rio de Janeiro que se levanta diante de mim, com sua orgulhosa coroa de montanhas e sua incomparável baía; o litoral do Nordeste é que se gravou mais profundamente em meu coração". Porque "o Nordeste é genuinamente brasileiro [...] mais individual do que o Sul". (Isso quem diz é Guenther, o cientista alemão Guenther, e não nenhum bairrista do próprio Nordeste com pretensões a "sociólogo" ou a "ecólogo", logo levadas ao ridículo – e com toda a razão – por peritos nacionais e estrangeiros em sociologia estatística e em especialidades afins.)

O Brasil – diz ainda Guenther – "tem sua personalidade; e o valor dessa personalidade é tal que deve ser impresso sobre tudo o que é do país". Na Olinda que conheceu em 1923, o sábio alemão encontrou ainda a expressão daquela personalidade, mantida principalmente pelos conventos e pelas igrejas; e por uma ou outra casa particular. Como no Recife, ela é mantida também pelos tão caluniados mucambos.

Mas isso, turista, é outra história; agora o que te interessa saber é que outras igrejas velhas de Olinda, além da Misericórdia, merecem tua visita e a tua atenção de dono de uma boa Kodak. Pois vamos às igrejas. Mas há de ser um tanto sem ordem, amigo turista: não esperes de mim virtudes pedagógicas; e perdoa se ainda uma vez resvalar em mexericos de sacristia ou noutras bisbilhotices de história íntima de Olinda – tão do meu gosto – afastando-te da correta contemplação do belo e do bom; e do próprio culto dos heróis de guerras e revoluções.

IGREJA DA MISERICÓRDIA

Igreja do Monte

UMA das igrejas velhas de Olinda dignas de tua visita e de tua Kodak é a do Monte, tão no alto e tão no meio do mato que o seu pitoresco será um regalo para teus olhos; mas tens que ter um pouco de ânimo alpinista pois a velha capela doada por provisão do Bispo do Brasil Dom Frei Antônio Barreiros, em 7 de setembro de 1596, aos religiosos beneditinos para aí levantarem seu mosteiro – daí ainda se falar num "mosteirinho do Monte" – está num monte; e o monte afastado do centro de Olinda. Monte desde os dias do fundador de Olinda, o velho Duarte Coelho, destinado a uma capela: "o monte de Nossa Senhora do Monte, aguas vertentes para toda parte, tudo será para o serviço da villa e povo della, tirando aquillo que se achar ser da casa de Nossa Senhora do Monte que é de cem braças da casa ao redor de toda parte e assim o vallinho que é da banda do Norte, rodêa todo o monte pelo que até o caminho que vae da dita villa para Val de Fontes para o curral velho das vaccas que isto é da dita casa do Monte", diz um documento de 1537 copiado nos seus Anais mss. por Pereira da Costa. O qual nos informa mais que a fundação do mosteiro naquele monte não se fez por ser o lugar um tanto longe da vila e não ter abundância de água. Afinal os beneditinos queriam se instalar num mosteiro – como o fizeram depois nas imediações do Varadouro – com as mesmas vantagens que venciam os outros conventos, isto é, ordinária de azeite, farinha, vinho e cera e uma côngrua de 90$000 anuais, sendo metade em dinheiro e metade em açúcar; com sua horta, seu jardim, seus legumes, a vila perto; e não viver no alto de um morro um tanto seco vida de ermitões. Desceram pois do Monte para o Varadouro; mas conservando-se na posse daquela capela, junto à qual levantaram depois um hospício que se tornou para eles lugar de repouso. Ao Monte o naturalista Guenther acompanhou muitas vezes os religiosos de São Bento: e foram sempre horas de encanto as que passou em sítio tão amável, cercado de matos e bichos.

Uma vez encontrou na sacristia da capela uma linda cobra jiboia, com suas manchas avermelhadas e pardas, a cauda de um encarnado vivo,

IGREJA DO MONTE

o corpo inteiro de um brilho metálico. Levou-a para o convento dentro de uma caixa. Aí conservou a cobra uns dias dando-lhe de comer ratos que a jiboia engolia depois de fazer-lhes muitas festas, parecendo achar um prazer especial em acariciar-lhes com a língua as boquinhas cor-de-rosa. Os ratos ficam imóveis diante da cobra – explica o cientista, que estudou bem o assunto no seu quarto de Olinda – não por estarem magnetizados por ela, como supõe o povo; mas por defesa; para verem se a cobra deixa de lhes dar atenção.

Igreja do Monte

Esta igreja não é mais lugar de passeio e repouso dos monges beneditinos. A seu lado foi fundado, em 1963, por iniciativa do então abade Dom Basílio Penido, um priorado integrado por monjas da Abadia de Nossa Senhora das Graças, de Belo Horizonte. Em 8 de setembro de 1974, Madre Mectildes Vilaça Castro foi eleita sua primeira abadessa, que resignou, por limite de idade, em maio de 1997, quando foi eleita Madre Gertrudes de Oliveira Araújo. A atual abadessa é Madre Verônica de Sousa Silva, eleita em 2003. O número de vocações é tão grande que a Abadia de Nossa Senhora do Monte já fundou dois priorados: um em São Cristóvão (SE) e outro em Fortaleza (CE). Há uma boa hospedaria com espaço para reuniões e retiros. Suas monjas fabricam os deliciosos biscoitos alemães conhecidos como "briceletes", cartões coloridos para comemorações do Natal e da Páscoa, casamentos e batizados, e também encadernam e restauram livros. Telefones: (81) 3429-0317 e 3429-5549; fax (81) 3429-4931; e-mail: mosteiromonte@ig.com.br

Amparo

OUTRA igreja velha de Olinda é a do Amparo que já existia em 1613; foi destruída pelo incêndio de 1631 e reconstruída em 1644. Aí costumava pregar Frei Manuel dos Óculos que o turista talvez conheça pelo nome mais austero de Frei Manuel Calado, o autor do *Valeroso Lucideno*. Não é igreja que tenha alguma coisa de grandioso; mas o trabalho de talha de sua capela-mor não é desprezível; e seus altares laterais – o do Bom Jesus e o de Santa Cecília – são dignos de ser olhados. Em 1797, fez aí obras de pintura e de douramento o pintor João José Lopes da Silva; e, em 1748, foi colocada no altar-mor uma bonita imagem de São Diogo de Alcalá.

Nada mais interessante em relação a esta igreja que o compromisso de sua irmandade – a de Nossa Senhora do Amparo – aprovado em 1783 pela Rainha Dona Maria I, em virtude de consulta da Mesa de Consciência e Ordem; compromisso aprovado então por se ter desencaminhado o primitivo, pois a irmandade era antiga; tão antiga, diz o seu segundo compromisso, que "já no tempo de el-Rei Dom Henrique [1578-1580] não se sabia ao certo o tempo de sua instituição". Fora instituída – segundo, ainda, o compromisso – "por mancebos solteiros"; e entre as condições exigidas para sócios de tão aristocrática e velha irmandade olindense, consta a seguinte: "que não sejam pretos, judeus e mulatos até o terceiro grau; que não tenham ofícios vis; e que não sejam pecadores públicos e escandalosos". Várias formalidades e disposições do compromisso foram já porém abolidas; creio que uma delas, aquela que afastava tão enfaticamente do grêmio negros, judeus e mulatos até o terceiro grau. A irmandade do Amparo de Olinda tem por armas "uma águia com duas cabeças, olhando uma para cima e sobre a qual se veem um *M* e *A* entrelaçados dentro de uma auréola e outra ferindo o peito, tendo nas garras uma meia-lua com as extremidades voltadas para baixo".

Igreja do Amparo

Nossa Senhora do Rosário dos Pretos

EM CONTRASTE com a Irmandade de Nossa Senhora do Amparo, tão caracteristicamente olindense e parenta da do Santíssimo Sacramento, da Misericórdia e da de São Pedro dos Clérigos na antiguidade e da do SS. Sacramento não só nesse ponto como no exclusivismo aristocrático e até arianista, teve Olinda desde o século XVII a sua irmandade de pretos do Rosário, com igreja – também de Nossa Senhora do Rosário. Esta escapou, segundo parece, ao incêndio de 1631. Sabe-se que no primeiro domingo de outubro de 1645, Henrique Dias festejou, com seus pretos, a sua padroeira.

O Padre Santa Maria, no *Santuário Mariano* – recorda Pereira da Costa num dos seus mss. – diz que "os pardos de Olinda instituíram em 1627 a irmandade de Nossa Senhora do Guadalupe dos Homens Pardos de Olinda levados pelo exemplo dos pretos forros e cativos da cidade de Olinda que apesar de pobres fundaram uma formosa igreja dedicada à Senhora do Rosário, da qual só fossem eles os fundadores e os padroeiros".

A colocação da imagem de Nossa Senhora na Igreja do Rosário, diz o mesmo padre cronista que os negros a fizeram – "com grande festa e ao seu modo". Um ms. do século XVIII por mim examinado e que já tive ocasião de publicar no livro *Nordeste* indica que os brancos, em Pernambuco, nem sempre respeitaram a liberdade que os negros das irmandades do Rosário queriam para a administração de seus negócios, mas fizeram grande questão de ser seus tesoureiros; e tesoureiros nem sempre exemplares, a acreditarmos nas reclamações dos pretos.

Em frente da Igreja do Rosário costumavam parar e dançar nos dias de festa, os maracatus de Olinda e dos arredores. As suas danças mais solenes eram diante do mesmo templo.

Em 1780, o Governador da Capitania de Pernambuco José César de Menezes recebeu uma carta do Tribunal do Santo Ofício sobre essas e outras danças de negros. Dirigindo-se o Governador sobre o assunto, ao Ministro de Estado Martinho de Melo e Castro, este resolveu ouvir a respeito um antigo governador da Capitania, o Conde de Povolide, então em Lisboa. O

Conde de Povolide informou ao ministro que os pretos (de Pernambuco) "divididos em nações e com instrumentos próprios de cada uma dançam e fazem voltas como arlequins e outros dançam com diversos movimentos do corpo, que ainda não sejão os mais innocentes são como os fandangos de Castella e fofas de Portugal e lunduns dos brancos e pardos daquelle paiz", entendendo serem apenas de "uma total reprovação" aquelas danças que "os pretos da Costa da Mina fazem ás escondidas ou em casas ou em roças com uma preta mestra, com altar de idolos, adorando bodes vivos e outros feitos de barro, untados seus corpos com diversos óleos ou sangue de gallo, dando a comer bolos de milho depois de diversas bençãs supersticiosas, fazendo crer aos rusticos que aquellas uncções de pão dão fortuna, fazem querer bem mulheres a homens e homens a mulheres, e chegando tanto a credulidade de algumas pessoas, ainda daquelles que pareciam não serem tão rusticos, como frades e clerigos que chegarão a vir presos á minha presença em os cercos que mandava botar a taes casas que querendo-os desmaginar me foi preciso em as suas presenças lhes fazer confessar o embuste aos pretos donos das casas; e depois remettel-os a seus prelados para que estes os castigassem como merecião, e aos negros fazia castigar com rigorosos açoites e obrigava aos senhores que os vendessem para fóra". O conde achava que se devia distinguir bem entre os dois tipos de danças: as públicas, que não lhe pareciam diversas dos fandangos e lunduns da Europa e as secretas, que não deviam ser toleradas. O Santo Ofício, achava ele, não devia confundir umas com as outras. Em distinção, já feita pelos governadores mais sensatos, ficou desde então a base da inteligente política portuguesa com relação a assunto tão delicado: a 4 de julho de 1780 o Ministro escrevia ao Governador de Pernambuco que as danças dos pretos "ainda que pouco innocentes podiam ser toleradas, com o fim de se evitar com este menor mal, outros males maiores, devendo comtudo usar de todos os meios suaves, que sua prudencia lhe suggere, para ir destruindo pouco a pouco um divertimento tão contrario aos bons costumes". No mesmo sentido, o Ministro se dirigia ao Bispo de Olinda: que S. Rev.ma cooperasse de sua parte para os fins indicados. E quando mais tarde veio de Goiana uma reclamação contra os batuques dos negros, o Governador Dom Tomás José de Melo respondeu (em ofício de 10 de novembro de 1796): "Quanto aos batuques que os negros dos engenhos e dessa villa costumão praticar nos dias santos, juntando-se na mesma, não devem ser privados de semelhante funcção, porque para elles é o maior gosto que podem ter em todos os dias de sua escravidão [...]". Apenas que não praticassem distúrbios. Esta foi sempre a política portuguesa: à sua sombra, nos tempos coloniais, os negros de Olinda, como os do Recife, como os da Bahia, como os de outras partes do Brasil, dançaram livremente – sem nenhuma violência policial – suas danças de xangô e seus maracatus, enchendo as ruas do ruído de seus cantos e seus *atabaques* e *matungos*. Em Olinda, o ponto preferido para tais batuques foi em frente à Igreja do Rosário. Ainda hoje Olinda tem seus maracatus que dia de carnaval descem triunfantes até o Recife. E além de maracatus, diga-se desde já bons clubes de carnaval. O carnaval de Olinda vem, nos últimos anos, rivalizando com o do Recife como carnaval de rua: o mais pernambucano dos carnavais.

Ordem Terceira de São Francisco

NÃO nos esqueçamos da capela e do consistório da Ordem Terceira de São Francisco da Cidade de Olinda, que se comunicam aliás com a igreja do convento dos franciscanos. Desde quando está aí a Ordem Terceira, não se sabe direito; o edifício do consistório data de 1711. "Em a villa de Olinda ou Marim de Pernambuco" – escreveu Jaboatão, o cronista do *Orbe Seráfico* – "assistiu muitos annos um religioso franciscano de quem não nos deixaram noticias os daquelles tempos nem de que provincia era, nem como alli veio ter, mas só que fora o instituidor de uma capellinha de São Roque no logar em que hoje está fundado o mosteiro do patriarcha São Bento e que nella dera principio a uma irmandade de terceiros da ordem da penitencia que foi a primeira que houve no Brasil". Essa irmandade de terceiros de São Francisco, hoje com capela anexa à igreja do convento, continua entretanto sob a mesma invocação que a capelinha levantada por aquele frade só e romântico de quem não se sabe hoje o nome: a de São Roque. São Roque de Montepellier. A capela da Ordem Terceira tem bonitas obras de talha dourada. Bonitos são também os trabalhos de tornearia dos seus balaústres. E o turista não deve deixar de ver a imagem de São Roque, toda de madeira e que data, segundo boas tradições, da fundação da Ordem. A irmandade – uma das mais velhas do Brasil e a mais antiga de terceiros da Ordem da Penitência – celebra a 16 de agosto a festa do seu padroeiro São Roque.

As paredes da capela da Ordem guardam jazigos das famílias dos irmãos; e junto do edifício fica um velho cemitério privativo da irmandade. É possível que aí apareça a sombra do frade bom e desconhecido que fundou a irmandade dos terceiros da Ordem da Penitência em Olinda.

PASSO DO PALÁCIO EPISCOPAL

Sepulturas Velhas

DE PASSAGEM – uma palavra sobre as sepulturas de igrejas e os cemitérios de Olinda. Diante das mais velhas, a gente tem aquela impressão de vitória da natureza sobre a tradição, a que já se fez referência. O zelo dos vivos pelos restos dos mortos não vai, entre nós, além de duas ou três gerações; a certa altura esse zelo para; e então a natureza tropical, num triunfo fácil, invade tudo com o seu verde pagão; arrebenta pedras com as suas raízes: pedras com inscrições que um dia foram douradas; algumas com brasões ou armas. Até sepulturas de bispos têm sido assim destruídas.

A sepultura do quarto Bispo de Olinda, por exemplo, Dom Frei Francisco de Lima, carmelita bom e piedoso que em vida gastou tudo com os pobres e, ao morrer em 1704, só deixou 40 réis em dinheiro. Sepultado no Convento do Carmo, seus ossos andaram perdidos. Até que um século e meio depois, estando o convento já em ruínas com o capim crescendo pelas sepulturas e as raízes espatifando pedras e ossos, uma comissão do Instituto Arqueológico, Histórico e Geográfico de Pernambuco encontrou os restos do bispo com o anel e a cruz. Pereira da Costa assistiu em 1915 à demolição de uma das mais velhas igrejas de Olinda, a de São Pedro, o Mártir, que já existia no tempo da invasão holandesa. Baers a descreve no seu *Olinda conquistada:* "descendo-se a ladeira da Misericórdia, de áspero declive, chega-se embaixo no vale, onde acha-se uma encruzilhada, na qual os mercadores se reúnem e costumam constituir a bolsa e sobe-se logo de novo outra eminência, mas não empinada nem tão alta, ali encontra-se a outra igreja paroquial chamada de São Pedro onde em volta acham-se muitas belas casas e muitos armazéns". Pereira da Costa informa que essa igreja muito sofrera com o incêndio de 1631; porém, com as franquias religiosas concedidas pelo Conde Maurício de Nassau, fora logo reparada e entregue de novo às suas funções. O que não puderam contra ela os hereges flamengos, conseguiram-no os fiéis com aquela demolição de 1915 para se "alargar uma praça", como se em Olinda os problemas do tráfego fossem os principais. Demolição empreendida pela Prefeitura com o consentimento do

Capela da Cadeia

poder eclesiástico. A mesma Prefeitura que andou então, e tem andado há anos, doida para derrubar – sem nenhuma necessidade que justifique tal desrespeito à tradição – não só a velha Igreja do Carmo como o monte inteiro. Vontade de imitar o Rio de Janeiro, cidade tão diversa de Olinda e com problemas tão diferentes dos seus.

A nave da Igreja de São Pedro, o Mártir, guardava no seu solo, diz um cronista, "os restos mortais da fidalguia da velha cidade". Santo Amaro também. Olinda é uma cidade de sepulturas velhas em abandono, ou aproveitadas – como as do velho hospício de Santo Amaro – para soleiras, umbreiras, degraus, vergas de portas de edifícios novos. Como outras cidades do Brasil, Olinda só cuida dos mortos até aos avós. Daí em diante, mesmo que o morto tenha sido um Dom Matias ou um Dom Francisco, um Filipe Cavalcanti (que sem ter sido bispo ou santo, foi uma figura ilustre dos primeiros tempos da colonização do Brasil e foi sepultado na Igreja de São João da Irmandade dos Militares em 1614) ou uma Dona Maria César (viúva de Fernandes Vieira, falecida, dizem as crônicas, e sepultada na Igreja de São Pedro, o Mártir, em 1689) ou, ainda, um Fernão de Sousa Coutinho (governador sepultado em Santo Amaro em 1674 e cuja laje de mármore, tendo no alto o brasão de suas armas, "tudo de um esmerado trabalho artístico", diz Pereira da Costa, veio com outras para o Convento de Santa Teresa em 1834) – Olinda os esquece. E, esquecendo-os, esquece também uma arte em que os portugueses e os antigos brasileiros se salientaram: a das lajes de túmulos ou sepulturas com epitáfios e brasões em relevo.

Os mortos esquecidos é que parece que não esquecem as igrejas e as casas velhas de Olinda, os sobradões antigos, as ruínas. Daí histórias de mal-assombrados. Mesmo que não haja mal-assombrado nenhum, e seja tudo estória, a crença nos fantasmas é uma maneira dos mortos se fazerem lembrados pela gente do mundo.

Outras Igrejas, Capelas e Passos

OUTRAS igrejas e capelas de Olinda oferecem interesse ao turista mais cheio de vagares e mais interessado pela velha arquitetura religiosa do Brasil: Boa Hora (1807), à Rua da Boa Hora; Conceição (1772), à Rua Bernardo Vieira de Melo; São José dos Pescadores (fins do século XVIII), à Rua do Sol; Mãe da Divina Graça (1601), à Rua Bispo Coutinho; Bom Sucesso (1802), à Rua do Bom Sucesso; Guadalupe (1626), à Rua do Guadalupe; Bonfim (1701), à Rua do Bonfim; Santa Cruz dos Milagres (1772), à Rua dos Milagres; S. Sebastião (1753-1773), à Rua Quinze de Novembro; Nossa Senhora das Neves (1580), à Rua de S. Francisco; S. João Batista (1570), à Rua S. João Batista. Algumas, é claro, reconstruídas; e devastadas pelos reconstrutores. Reze o turista um padre-nosso e uma ave-maria por alma dos maus reconstrutores. E note, ainda, tendo vagar, as seguintes capelas e passos: Milagres (1772), no Pátio dos Milagres; Aljube (1806), à Rua Treze de Maio; Senhor Apresentado ao Povo ou Castelhano (1773), à Rua 27 de Janeiro; Senhor Atado (1773), à Rua Prudente de Morais; Senhor dos Passos (1773), à Rua Bernardo Vieira de Melo; Senhor no Monte das Oliveiras (1809), à Rua Bispo Coutinho; Amparo (1746), no Pátio do Amparo.

Palácio dos Bispos

QUANTO ao velho Palácio dos Bispos, está num dos sítios mais veneráveis de Olinda; basta dizer que aqui foi a Câmara do Senado de Olinda. Chegando a Olinda o primeiro bispo, dizem alguns cronistas que a Câmara apressou-se em oferecer-lhe para residência os Paços do Conselho que Dom Estêvão Brioso ocupou de 1679 a 1683. O segundo, Dom Matias, "o bispo santo", também morou aqui. Em 1725, o Palácio dos Bispos foi reparado; porém mal reparado. Tanto que poucos anos depois ficou em estado de não poder ser habitado. Em 1785 parece que já sofrera os reparos necessários porque o Bispo Fr. Dom Diogo de Jesus Jardim dizem os cronistas que o habitou. Em 1821, foi de novo reparado. De 1825 a 1829 foi reconstruído pelo Bispo Dom Tomás de Noronha que o aumentou e substituiu por sacadas com varandas de ferro as janelas antigas da fachada principal que talvez tivessem alguma coisa de mourisco.

O maior encanto desse velho e simpático ainda que nada grandioso edifício – é preciso até um esforço para chamá-lo de palácio – é seu terraço deliciosamente revestido de uma barra de azulejos na qual os olhos descansam como numas férias de tudo o mais que forma o sobrado: este é como se fosse apenas um pretexto para os azulejos. Tais azulejos, supõem alguns, de fabricação veneziana ou holandesa. Conta-se que um cientista holandês, tendo estado em Pernambuco em missão de seu governo em 1881, teria querido comprar por alto preço os azulejos do Palácio Episcopal de Olinda. Pode ser verdade, mas pode, também, ser conversa.

Foi no velho Palácio dos Bispos que Liais fez suas observações astronômicas. Tendo demorado em Olinda, nesses estudos, o astrônomo conheceu muitos padres; e no seu livro faz a esses padres de Olinda os maiores elogios.

Junto ao Palácio, está um passo: "o Passo do Palácio". Hoje neste velho Palácio, está instalado o Museu de Arte Sacra, digno de ser visitado.

Armas do Arcebispo de Olinda e Recife

Sinos

CHEIA de igrejas, Olinda tinha em 1630, quando foi saqueada pelos holandeses, sinos de bronze magníficos que anunciavam nascimentos, aniversários reais, procissões; que dobravam a finados; que talvez tenham repicado ao se avistar a frota dos próprios hereges. Os invasores logo os arrancaram das torres e os mandaram para Holanda "a fim de serem refundidos em canhões". Ficou Olinda sem os seus melhores sinos. Um tinha a legenda: *"Salvator mundi salve me"*. Outro: *"Deum laudamus te"*. Ainda outro: *"Laudate Deum in cimbalis sonantibus"*. Um quarto: *"Virgo dulcis ave domino quam gratia replet"*.

Calvinismo e Judaísmo

O SINO que tinha a legenda *"Salvator mundi salve me"* era talvez da Matriz do Salvador – hoje catedral – que os holandeses, por picardia à Olinda católica, transformaram em templo calvinista, oficiando aí o ministro Baers. Mas parece que nem os calvinistas nem os judeus se expandiram tão à vontade em Olinda – mesmo depois que as igrejas ficaram mudas, sem os seus grandes sinos de bronze para protestar contra a invasão dos hereges – como no Recife. Aí os israelitas levantaram duas sinagogas; chegaram a namorar o próprio Palácio das Torres do Conde Maurício de Nassau para nele instalarem também uma sinagoga, que seria de uma opulência única; construíram cemitério para a gente de sua religião. Quanto aos reformados, chegaram a ter no Recife, além de pastores como Kesselerius e Dapper, que pregavam em holandês lá e em Olinda, o Ministro Soler, que pregava em francês, português e tupi e o Ministro Betchelar, que pregava em inglês. Entretanto, o que se pode considerar "o primeiro ato cultural público e oficial do calvinismo em Pernambuco" (segundo Vicente Ferrer no seu *Seitas protestantes em Pernambuco – Subsídios históricos*), foi em Olinda: as orações para agradecer a Deus a vitória holandesa sobre esta parte do Brasil. Orações celebradas a 10 de março de 1630 na própria Câmara Municipal de Olinda, situada entre a Igreja do Salvador (depois Sé) e a Misericórdia, sendo oficiante o mesmo Baers.

CAMPANÁRIO DA IGREJA DO AMPARO

Procissões

OLINDA é uma cidade de procissões. Subindo e descendo ladeiras, elas enchem a velha cidade dos seus roxos e verdes litúrgicos e do brilho de pratas de igrejas e de irmandades antigas. Espalham cheiros de incenso.

A procissão do Senhor dos Passos – que é talvez a que atrai hoje maior número de devotos – sai da Matriz de São Pedro para a Igreja de Nossa Senhora do Carmo. Acompanham-na as irmandades dos Passos de Olinda e Recife, do Guadalupe, dos Martírios e do Bonfim; as confrarias do Amparo, do Rosário, de São Benedito, do Bom Parto, da Ordem Terceira de São Francisco; os franciscanos; o Seminário; a Academia de Santa Gertrudes (de freiras beneditinas); as meninas e as moças de Santa Teresa; meninos de colégio (Olinda teve nos começos deste século* um colégio famoso, o de Monsenhor Fabrício, cujo busto se vê hoje no pátio que tem o seu nome); várias associações piedosas: a de São José, a da Matriz de São Pedro, a do Coração de Jesus, a de São Francisco, a de Santo Antônio, as oblatas de São Bento, as Filhas de Maria da Misericórdia, a do Apostolado dos Homens de São Francisco, a do Sagrado Coração. A procissão passa por sete passos: o de São Pedro; o da Rua Bispo Coutinho: o do Pátio do Amparo; o de Quatro Cantos; o Nicho da Ribeira; o da Rua 27 de Janeiro; o do Carmo.

Outras procissões: Martírio, Enterro, Ressurreição, *Corpus Christi*, Nossa Senhora do Monte, Bandeiras, Bonfim, Amparo, Rosário.

---

* N.E. A última edição deste livro publicada com Gilberto Freyre em vida, data de 1980. O autor refere-se, portanto, ao século XX.

Olinda Heroica

AS ASSOMBRAÇÕES em Olinda não são apenas as de frades arrastando sandálias pelas escadas dos sobrados e pelas lajes dos mosteiros velhos, num rumor tão brando que só se ouve nas noites de grande silêncio e de mar calmo; nem as cobras encantadas que às vezes surgem à boca dos subterrâneos dos conventos, os olhos faiscando como se fossem tições enormes; nem as igrejas que se iluminam de repente e logo se apagam; nem o "Monge de Olinda" que uma vez por outra reaparece no alto do Carmo; nem os sinos que tocam de noite sozinhos, sem sineiro nenhum.

Há quem ouça, certas noites de chuva, gritos de guerra, rumores de lutas, ruídos de espadas, umas se chocando com as outras; armas retinindo pelas ladeiras. É que Olinda teve como poucos burgos da América seus dias heroicos. Seus começos foram terríveis: o fundador e seus homens em luta contra franceses e índios. Em 1630, a invasão holandesa. Em 1631, o incêndio da cidade pelos hereges. Olinda católica reagiu quanto pôde. Reagiu bravamente. Nem parecia a Olinda amolecida pelo luxo e pela luxúria dos fins do século XVI e dos princípios do XVII: a Olinda da indignação dos pregadores. Um dos quais diante de uma gente tão voltada para as sedas e os veludos, para o ouro, para as pratas e para as pedras preciosas de que se cobriam as senhoras, para as iguarias e os vinhos finos importados do Reino e das Ilhas com que se regalavam os senhores, bradou um dia: "Sem mais differença do que o de uma só lettra, esta Olinda está chamando por Olanda e por Olanda ha de ser abrazada Olinda, que onde falta tanto a justiça da terra não tardará muito a do céo".

Indo ao ex-Seminário – casarão agora abandonado – o turista não se lembre apenas de que ali ensinou Antônio Vieira no século XVII e nos princípios do XIX o Padre João Ribeiro; lembre-se também de que foi do velho colégio dos padres que o Capitão Salvador de Azevedo e 22 homens se opuseram até à morte contra a invasão dos holandeses. E indo à Misericórdia se recorde de outro fato quixotesco da mesma época: o Capitão-de-Linha André Pedro Temudo, diante da profanação que um troço de soldados holandeses estava praticando na Igreja da Misericórdia, lançou-se contra eles de espada em punho e matou grande número de hereges até por sua vez cair morto.

Brasão da cidade de Olinda

O Espírito Político de Olinda

O ESPÍRITO político dos pernambucanos, que está ainda para ser definido – republicano e aristocrático ao mesmo tempo e a um tempo intensamente regional e profundamente brasileiros – teve nos primeiros séculos a sua expressão mais viva em Olinda; depois transferiu-se para o Recife, ficando Olinda uma espécie de cidade em estado de viuvez política – viuvez tranquila; e a cidade mais nova, o nervo de reação ou reação regional. Nervo que tem feito de Pernambuco e às vezes do Nordeste uma das regiões mais cheias de iniciativas e de antecipações na história política do nosso país. Joaquim Nabuco, com o seu aristocratismo revolucionário, já foi pernambucano do Recife e não de Olinda. É que a tradição política por ele encarnada há anos se passara de Olinda para o Recife.

Mas em Olinda é que essa tradição se formou. Em Olinda é que ela se desenvolveu nos tempos coloniais. Até princípios do século XIX, Olinda ainda era capaz do aristocratismo revolucionário que depois se transferiu para o Recife, explodindo aí na Revolução de 1817. Revolução de fidalgos e de padres que se julgaram no dever político de tomar iniciativa tão arriscada no sentido da transformação do Brasil pelo regime republicano; ou "sem rei". Pelo menos sem rei português. Este regime já fora sonhado por olindenses e até, afirmam alguns historiadores, proclamado em 1710 no Senado de Olinda: no nobre casarão cujas ruínas se conservam hoje.

O que é certo é que nas vésperas da Revolução de 1817, o governador-geral se referia à Câmara de Olinda – já nos começos daquela sua viuvez política depois tão sossegada mas naqueles dias ainda inquieta e por conformar-se: "Illmo. Exmo. Senhor [Marquês de Aguiar]: A orgulhosa Camara da Cidade de Olinda, pouco zelosa no cumprimento dos seus deveres, mas disposta em todos os tempos a envolver-se em cabalas e algumas vezes com tão criminosa ousadia como no anno de 1666 em que prendeu o governador Jeronymo de Mendonça Furtado e no anno de 1710 em que oppoz a creação desta Villa do Recife sendo causa de uma guerra civil; aquella orgulhosa camara, torno a dizer, depois de me dirigir o officio transcripto na copia n.º 1 a que respondi com o de n.º 2, passou a queixar-se de mim com calumnia

SALDANHA MARINHO (SEGUNDO UMA GRAVURA ANTIGA, NO *BRAZIL AND THE BRAZILIANS*, DE JAMES C. FLETCHER E D. P. KIDDER, EDIÇÃO DE 1879)

e falsidade; e como estas para se acreditarem precisam de apoio, procuraram-se e allissiaram-se diversas assinaturas para suppor-se que as suas queixas eram a voz do Clero, Nobreza e Povo [...]". Assim se exprimia em 1815 o Governador Caetano Pinto de Miranda Montenegro em carta ao Marquês de Aguiar que consta de um dos livros mss. de *Correspondência da corte* ainda existentes na secção de mss. da Biblioteca do Estado de Pernambuco. Na qual se encontra também – no livro de *Cartas régias, decretos e provisões* (1711-1824) outrora do arquivo de Olinda – o "Registro de huma Provisão do Exmo. Senhor Marques de Agu. V. Rey e Capitão General de mar e terra deste Estado do Brasil paçada a favor dos moradores desta Capitania de Pernambuco para não serem executadas nas suas fabricas como della largamente consta" (1714) e o "Registro de huma Provisão de S. Magd.^{e} que Deos g.^{e} a favor dos Senhores de Engenho e lavradores" (1718). Provisões que representam como que as últimas vitórias do espírito político de Olinda em função da economia regional, isto é, da classe aristocrática dona dos grandes engenhos de cana da Capitania. Por muito tempo os desta classe é que dominaram o Senado da Câmara de Olinda (como mais tarde, já no Império, a Assembleia Provincial com sede no Recife), excluindo dele, por meios diretos, ou indiretos, quem não fosse dono de terra e escravos; e se esse Senado se antecipou a outros do Brasil em tendências para a independência, para a República, para certas formas de governo liberal, foi em oposição ao governo metropolitano e aos seus excessos no sentido de proteger interesses reinois à custa dos produtores coloniais. E não deixando de ser uma câmara de aristocratas bastante zelosos dos seus interesses, e não apenas de sua dignidade.

Diz-se que no século XVIII Dom João IV, grato aos heróis da Restauração, que tinham com os próprios esforços reivindicado para Portugal todo o território conquistado pelos holandeses, concedera àqueles "quantos privilégios pediam e desejaram [...] se entregando nos braços da nobreza" de Pernambuco, cujos órgãos de domínio político – o governo da Capitania e o Senado – estavam, então, em Olinda. Daí governadores como André Vidal de Negreiros, Dom João de Sousa e Brito Freire. Homens da terra, ou identificados com os interesses da região que haviam ajudado a libertar dos holandeses. Mas essa política da Metrópole de favores a Olinda durou pouco; não tardou a reação dos reinois. Foram então enviados para cá governadores de todo identificados com os interesses reinois no Brasil e inimigos dos interesses brasileiros encarnados salientemente pelos fidalgos de Pernambuco, cuja capital era Olinda. Daí o caso recordado pelo mesmo Caetano Pinto naquele seu documento contra Olinda: o caso da expulsão do Governador Jerônimo de Mendonça Furtado, conhecido por Xumbergas.

Passou-se assim: na tarde de 31 de julho de 1666 o Governador Jerônimo de Mendonça Furtado vinha muito ancho pela Rua de São Bento, talvez cofiando seus formidáveis bigodes em tufos à moda de Schomberg – daí o apelido de Xumbergas que Mendonça Furtado ganhou no Brasil, parecendo derivar-se dele, de seus atrevimentos de Don Juan e do seu gosto excessivo pelas bebidas, as palavras "xumbergação" (donjuanice, agrados eróticos etc.) e "xumbergado" (bêbado) – quando um grupo de pernambucanos, dirigidos por André de Barros Rego, investiu contra ele e suas ordenanças, prendeu-o, recolheu-o a um forte; e daí foi embarcado para Lisboa. O Senado da Câmara de Olinda nomeou para substituir o governador tão insolentemente expulso por homens de prol da colônia, uma junta e depois a André Vidal de Negreiros: o que o governo da Metrópole docemente aprovou.

A luta entre Olinda e o Recife, no século seguinte – a chamada "guerra dos mascates" – foi de fato a luta entre os interesses da economia dos colonos enraizados no massapê – que eram principalmente os interesses da monocultura latifundiária e escravocrática – e os dos reinois aqui estabelecidos com lojas e armazéns no Recife, gente sem raízes na terra, mas solidamente constituídos no comércio financiador – e, por vezes, explorador, através de empréstimos a juros altos – daquela forma sempre precária de economia agrária.

Resultou da "guerra dos mascates" o desprestígio político de Olinda, que vinha representando os interesses agrários dos colonos mais velhos da capitania contra os interesses comerciais dos mais novos e mais presos ao Reino. Ao Reino e aos novos tempos: paradoxalmente ao próprio futuro brasileiro. Com esse desprestígio, fortaleceu-se o poder português nesta parte do Brasil que foi transferindo de Olinda para o Recife todos os elementos do governo e de administração. Mas avigorou-se, sobretudo, em Pernambuco, o espírito democrático de cidade em oposição ao feudal, de senhores de terras e de escravos. Um espírito democrático-aristocrático muito característico no Recife da própria plebe.

O Recife, desde a ocupação do Norte do Brasil pelos holandeses, ganhara condições de metrópole regional. De modo que a transferência daqueles elementos de Olinda para o Recife não se fez por simples capricho político nem de repente. Fez-se aos poucos. Continuou a fazer-se depois da Independência: em 1827 era completa.

Hoje Olinda é uma das cidades mais calmas do Brasil, em contraste com as constantes agitações do Recife. Inclusive as agitações nativistas. Olinda não tem mais interesses de classe nem de região a defender nem "mascates" à vista a combater. Quase que é só alma. Os "mascates" agora são outros e quem os combate é o Recife. A História é assim: uma constante transferência de atividade e de domínio de uma região para outra, de uma classe para outra. Graças ao que Olinda e Ouro Preto hoje descansam.

Não falta, entretanto, ao olindense de hoje, não só o brio de ser Olinda cidade de tradições ilustres, com o zelo pelos seus direitos: entre eles, o de ser, como cidade ilustre e carente, melhor amparada pelos governos. Pois Olinda continua a padecer de agressão de águas furiosas do mar, que lhe vêm causando danos: aos moradores e aos conventos históricos.

O Primeiro Engenho de Açúcar

O PRIMEIRO engenho regular de açúcar que se levantou nesta parte do Brasil supõem alguns historiadores ter sido nos arredores de Olinda: o Engenho Nossa Senhora da Ajuda de Jerônimo de Albuquerque, cunhado do donatário. Digo o primeiro engenho regular, porque antes de 1535, segundo boas evidências, já se fabricara açúcar no Nordeste parece que em alguma engenhoca para os lados de Itamaracá. O engenho levantado por Jerônimo de Albuquerque nos arredores de Olinda chamou-se depois Forno da Cal. Ainda hoje o sítio tem esse nome.

Ao fundar sua colônia, Duarte Coelho contratou na Europa – informa Pereira da Costa – "a montagem de alguns engenhos, cujos trabalhos foram executados aqui por judeus industriais fugidos à fúria religiosa da metrópole e mandou vir de São Tomé e da Madeira operários conhecedores do processo de fabricação do açúcar para o serviço de direção das fábricas que se iam levantando". E a primeira dessas fábricas foi a que existiu no sítio, perto de Olinda, chamado o Forno da Cal. Infelizmente não resta do engenho de Jerônimo de Albuquerque nenhuma ruína. Nem nos arredores de Olinda se encontra alguma velha fábrica colonial que dê ao turista a impressão dos primeiros engenhos que moeram cana no Brasil. Para ter uma ideia de antiga e boa casa-grande de engenho, o turista pode ir a Monjope, nas imediações de Olinda. Casa-grande de antigo engenho que se tornou célebre pela sua aguardente de cana, a Monjopina.

CAPELA DO ENGENHO MONJOPE

História Ecológica de Olinda

A HISTÓRIA ecológica de Olinda pode-se dizer que de modo geral tem sido um processo de equilíbrio ante os montes e as praias. Como no Rio de Janeiro, os montes foram a princípio os lugares de prestígio, com os conventos, o Colégio dos Jesuítas, o Palácio do Bispo, a Sé, o Senado da Câmara instalados nos altos ou nas ladeiras. As praias, lugares desprezíveis. Hoje as melhores casas novas se voltam para as praias e dão as costas aos morros. E os mucambos vão se trepando pelas ladeiras, os pobres refugiando-se pelos altos e pelos morros.

A história ecológica de Olinda tem sido a de uma das adaptações mais interessantes, no Brasil, de colonos e valores europeus mais finos à natureza tropical e ao meio americano, junto com a absorção, pela própria fidalguia dos montes olindenses, de sangue indígena e depois até – em casos raros, é certo – do negro. Junto, principalmente, com a absorção de elementos de cultura indígena, oriental e africana que se incorporaram aos sistemas de construção, de transporte e de alimentação dos olindenses, com especializações ou persistências peculiares a Olinda e decerto em correspondência com necessidades e condições locais. Assim se podem explicar, até certo ponto, persistências por longo tempo características de Olinda como a das janelas em xadrez (quando não faltavam recursos financeiros para o vidro, de que entretanto pouco se precisava numa cidade clara como esta) e a do palanquim – que em Olinda, como na Bahia, teve vida mais longa que no Recife, cidade plana.

História Ecológica de Olinda

Olinda foi declarada Cidade Ecológica pelo Decreto Municipal de 1982, tendo o coqueiro como árvore-símbolo.

Casas Velhas

O TURISTA não deixe de ver os restos de casa velha junto à Igreja da Misericórdia: diz-se dessa casa que foi a única que escapou ao incêndio de 1631. Nem a Cadeia: é um dos sobrados mais bonitos de Olinda. Junto está o "Passo da Cadeia". Outras casas antigas de grande interesse: as duas casas de muxarabi, a da Rua do Amparo e a do Pátio de São Pedro. O desenhista Manoel Bandeira, em colaboração com o autor deste *Guia,* levantou-lhes as plantas que acompanham estas notas e que se destinam ao turista mais interessado na nossa arquitetura doméstica dos tempos coloniais. São estas plantas, no gênero, verdadeiras preciosidades. Ao turista mais interessado no assunto, recomendo também o estudo do Professor Estêvão Pinto: "Os muxarabis de Olinda", na *Revista do Serviço do Patrimônio Histórico e Artístico Nacional.*

São dois sobrados, o da Rua do Amparo e o do Pátio de São Pedro, cheios de reminiscências da antiga vida patriarcal do Brasil, tão penetrada de influências mouras ou mouriscas. A casa da Rua do Amparo parece a Estêvão Pinto a mais antiga. "O muxarabi" – escreve ele – "apoiado em cães de pedra, encosta as vergas superiores no telhado tosco e saliente. O abalcoado de madeira é formado de almofadões e reixas em xadrez". Tem uma sala assoalhada; os quartos e o corredor têm chão de tijolo solto; o chão da sala de jantar, assim como o da cozinha, é de barro batido. No fundo, entre bananeiras, a latrina. Espalhe a imaginação do turista por essa casa uns móveis de jacarandá e outros de vinhático, louça do Oriente e bandejas de prata, pela cozinha panelas de barro, alguidar, pilão grande de pedra ou de pau, e terá as peças essenciais de um velho interior olindense".

A casa do Pátio de São Pedro é mais ampla. Tem banheiro todo revestido de azulejo. Cunhais de pedra. Alguma coisa de fortaleza. Um todo mais sólido que o do sobrado da Rua do Amparo.

PLANTA DA CASA Nº 28 DA
RUA DO AMPARO — OLINDA

1º ANDAR

LEGENDA

A BALCÃO
B SALA
C SANTUARIO
D QUARTOS
E CORREDOR
F SALA DE JANTAR
G COSINHA
H W.C.
I QUINTAL

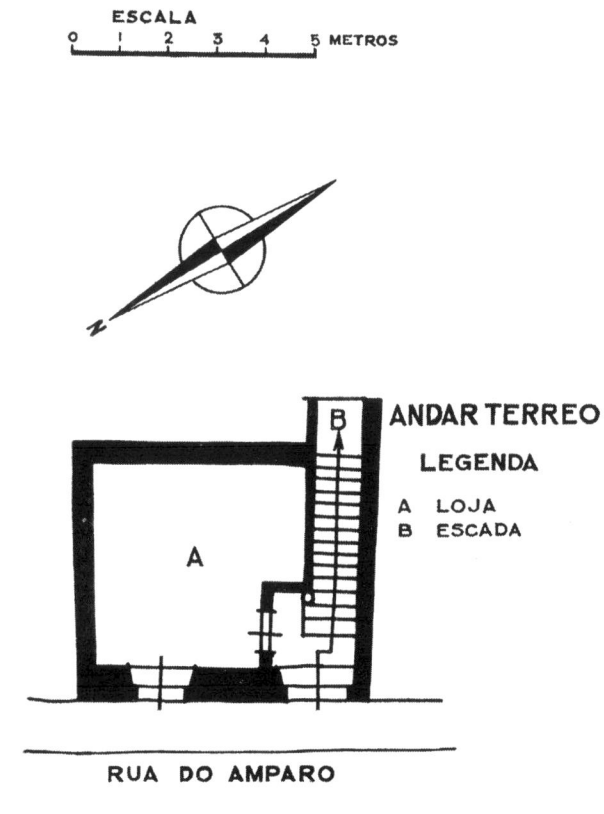

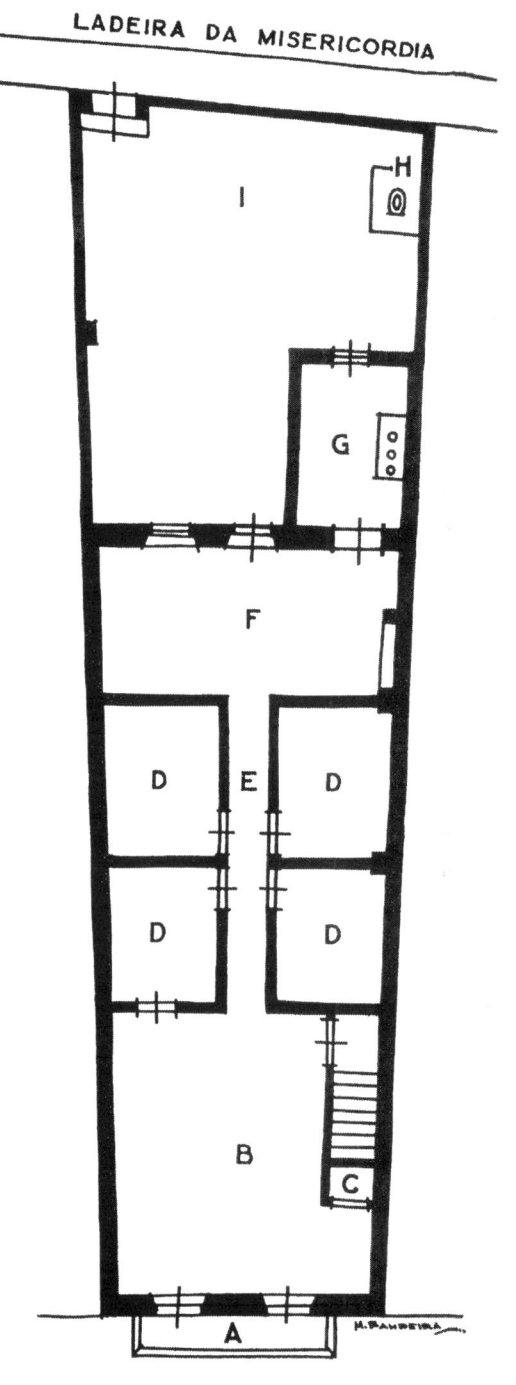

ESCALA
0 1 2 3 4 5 METROS

LADEIRA DA MISERICORDIA

ANDAR TERREO

LEGENDA

A LOJA
B ESCADA

RUA DO AMPARO

PLANTA DO ANDAR TÉRREO
DA CASA Nº 7 DO PÁTEO DE
S. PEDRO - OLINDA

LEGENDA

A LOJA
B ESCADA PRINCIPAL
C GRANDE DEPOSITO
D ARMAZEM
E QUARTO DE ENGOMAR
F PASSAGEM
G QUARTO DE CRIADO
H RESERVATÓRIO D'AGUA
I BANHEIRO
J TANQUE DE LAVAR ROUPA
K W.C.
L QUARTO
M ESCADA POSTERIOR
N QUINTAL

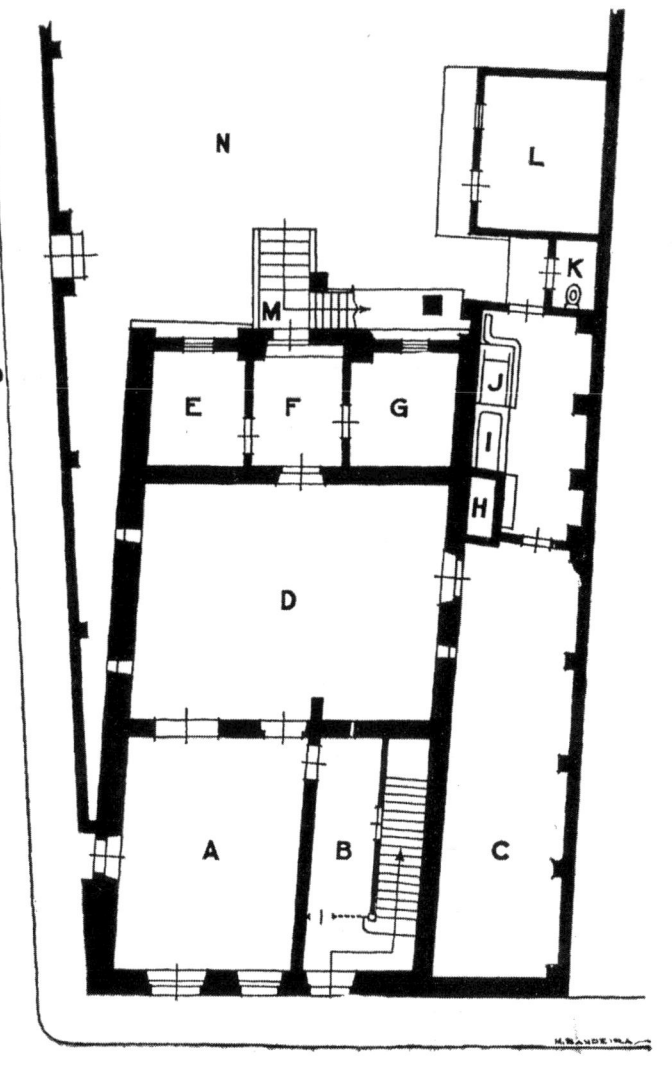

ESCALA
0 1 2 3 4 5 METROS

Outras Casas

A RUA de São Bento, na esquina que dá para o Mosteiro de São Bento, o turista encontrará o sobrado onde dizem que morreu Fernandes Vieira – o ilhéu que se celebrizou na guerra contra os holandeses e era, ao que parece, mulato (embora tivesse "carta de branquidade" a seu favor). A ele se refere o letrado israelita Aboab da Fonseca num poema ainda inédito sobre o cerco do Recife como "filho de uma negra, etc". Casou-se entretanto com moça da melhor nobreza pernambucana e morreu, segundo se diz, neste ilustre sobrado perto de São Bento.

Ainda Outros Sobrados

OUTROS sobrados menos antigos e ilustres, porém pitorescos, se encontram em Olinda. Sobrados e casas térreas. Há um gosto especial – pelo menos para mim – em procurar identificar algumas dessas casas com anúncios de jornais de há um século ou um século e pouco. Por exemplo: "a segunda casa sobre os aterros das bicas" onde em 1830 um jornal anunciou que se vendia uma escrava "por preço tão favorável que será incrível no tempo presente por tal compral-a: a mesma escrava não tem vicio algum e he quitandeira e só tem contra si huma figura desagradavel e he o motivo porque se vende". (*Diário de Pernambuco,* 23 de setembro de 1830.) Ou a casa do Pátio de São Pedro onde em 1838 havia para vender duas lindas escravas de nação – ambas engomadeiras, cozinheiras e lavadeiras. Ou o sobrado defronte do Carmo, residência de um Dr. Bernardo, de onde em 1836 fugiu um "papagaio com algumas pennas encarnadas nas pontas das azas".

Sobrado colonial com balcão – Pátio de São Pedro, 7

Outras Coisas de Interesse

AINDA merecem a atenção do turista: as velhas bicas, como a de São Pedro e a do Rosário; vários portões antigos, sendo que um, nos Arrombados (hoje Duarte Coelho), já em ruínas; janelas de xadrez, das que outrora davam à cidade um ar de burgo oriental desgarrado entre os cajueiros da América; o fortim de São Francisco, que o povo chama forte do Queijo; o nicho de Nossa Senhora das Dores, nos Milagres; as fontes.

Com esse conjunto todo de valores menos ostensivos a se juntarem, pelo interesse artístico ou histórico, aos grandiosos, compreende-se que a direção do Patrimônio Histórico e Artístico Nacional tenha decidido tombar, como monumento histórico, toda a chamada "Olinda Velha".

O turista pode ir a pé ou de automóvel para o alto da Misericórdia, tomando a Rua 27 de Janeiro, Praça João Alfredo (Pátio de São Pedro), Avenida da Liberdade. Para o Monte: Ruas de São Bento, Bernardo Vieira, Amparo, Bom Sucesso, caminho do Monte. Para São Francisco: também pela Rua 27 de Janeiro, Praça João Alfredo (Pátio de São Pedro), Avenida da Liberdade.

O antigo Palácio dos Capitães-Generais e depois sede da Prefeitura pode servir de ponto de referência ao turista. Aliás, perdendo-se em Olinda, o turista terá sempre o que ver: não será uma experiência de todo desagradável.

OUTRAS COISAS DE INTERESSE

Durante a década 1980 existiu em Olinda um hotel de 5 estrelas: o Quatro Rodas. Seu proprietário, Roberto Civita, homenageou Gilberto Freyre com exposição de suas obras e um banquete que teve como orador o então Governador de Pernambuco Roberto Magalhães. O Hotel Quatro Rodas ficava na praia de Casa Caiada, sendo hoje um flat *de luxo. Na Ladeira de São Francisco está o belo Hotel Sete Colinas, construído no meio do coqueiral da casa de Murilo e Gicélia Marroquim, com entrada pela Ladeira de São Francisco. Na Avenida Ministro Marcos Freire estão os hotéis Costeiro, Samburá e 5 Sois.*

Há muitas pousadas em Olinda, merecendo destaque a Pousada São Francisco (Rua do Sol), a Pousada dos Milagres (na praia do mesmo nome), a Pousada dos Quatro Cantos (Rua Prudente de Moraes), a Pousada do Amparo (na rua do mesmo nome), o Hotel Pousada Peter (Rua do Amparo) e o Hotel Pousada d'Olinda (Praça de São Pedro).

O melhor restaurante é, sem dúvida, a Oficina do Sabor (Rua do Amparo) com seus principais quitutes servidos em morangas de jerimum. A Oficina do Sabor pertence à Confraria da Boa Lembrança e em 2000 comemorou o centenário de Gilberto Freyre com um prato ainda existente em seu cardápio: "Jerimum Camarão Pitanga". Outros bons restaurantes são, em ordem alfabética, a Creperia Crepes e Salgados, Francesco, Goya Ateliê, Kwetu, Maison do Bonfim, Mourisco, Trattoria D. Francesco e Uruguay Club. O último – last but not least – está instalado em grande e bela mansão da Rua Prudente de Moraes nº 281, primorosamente decorada pela pintora Tânia Carneiro Leão; a especialidade é culinária, coquetéis e vinhos uruguaios, pois o dono da casa, Rodrigo Carneiro Leão, é cônsul do Uruguai no Nordeste.

Museus de Olinda

ORGANIZADO em 1935, por José Maria de Albuquerque Melo, então diretor da Biblioteca e do Museu do Estado, em comemoração à chegada de Duarte Coelho a Pernambuco, há em Olinda um "museu regional" mantido pelo Município e pelo Estado. Museu retrospectivo, reunindo móveis, imagens, painéis e que merece a visita do turista, não só pelos objetos que abriga como pela própria casa onde foi instalado: um bom e velho sobrado que recorda, com outros edifícios da vizinhança, a Olinda de 1700. Aí se veem: um velho altar que pertenceu à Sé de Olinda; um painel representando a Batalha dos Guararapes que pertenceu à antiga Câmara; retratos velhos, a óleo, de Fernandes Vieira, Henrique Dias, Camarão, Vidal de Negreiros – heróis da guerra contra a Holanda; o armário do antigo Senado da Câmara, móvel sólido e pesado, bem característico da Olinda colonial; lajes de sepulturas do antigo Convento de Santo Amaro que haviam sido levadas para Santa Teresa.

Atualmente, a antiga Cadeia Eclesiástica – um casarão de boas linhas e boas formas restaurado pela diretoria do Patrimônio Histórico e Artístico Nacional – abriga outro museu: um museu de pintura. Iniciativa do vulcânico Assis Chateaubriand. Também merece a atenção do turista.

MUSEUS DE OLINDA

Além do Museu Regional da Rua do Amparo, existem em Olinda o Museu de Arte Sacra de Pernambuco (antigo Palácio dos Bispos, no Alto da Sé), o Museu de Arte Contemporânea de Pernambuco (Rua 13 de maio) e o Museu do Mamulengo, também na Rua do Amparo.

PLANTA DO 1º ANDAR DA CASA Nº 7 DO PÁTEO DE S. PEDRO OLINDA

LEGENDA

A BALCÃO
B SALÃO
C SANTUARIO
D QUARTOS
E CORREDOR
F CAMARINHA
G DESPENSA
H SALA DE JANTAR
I COSINHA

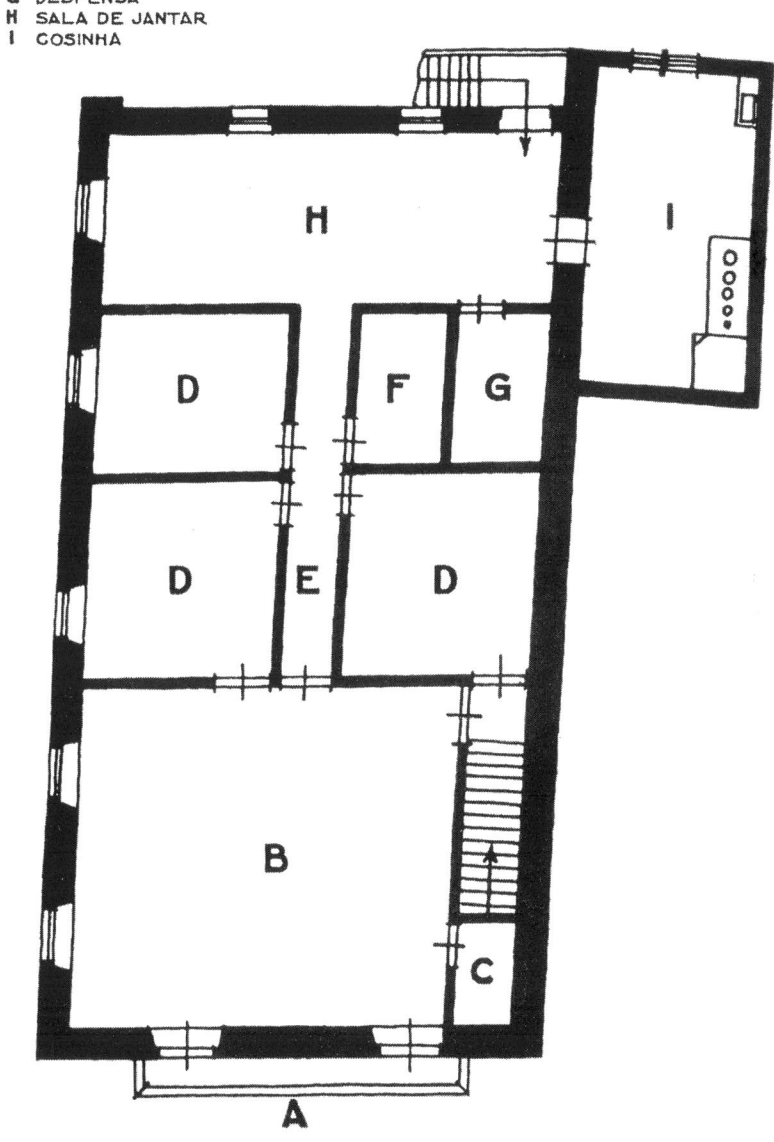

Darwin e Outros Estrangeiros Ilustres que Visitaram Olinda

OLINDA tem tido o seu bocado de repercussão no estrangeiro: já se viu que houve antigamente na Europa um punhal chamado Olinda; há hoje uma cidade na América do Norte chamada Olinda; há também um hotelzinho em Paris chamado Olinda. Por outro lado, há quem pense que a muito nacional cidade pernambucana foi chamada outrora pelos indígenas, não *Marim,* nem *Mirim,* segundo a ideia corrente e conforme as evidências dos primeiros documentos coloniais, mas – voltemos ao assunto – *Mairy,* "forma contrata de *mairreya"* – escreveu o mestre Teodoro Sampaio – e que significa *"reunião de mair,* ajuntamento de europeus, franceses principalmente". É possível, assim, que Olinda, tanto quanto o Rio de Janeiro, tenha tido o seu sítio, o lugar onde se edificou, a sua "linda situação", escolhida primeiro pelo bom gosto dos franceses: e só depois pelo lirismo dos portugueses.

O certo é que Olinda aparece em mais de um livro célebre de francês, de inglês, de alemão, de norte-americano, elogiada pela sua paisagem e pela sua arquitetura.

Darwin, o grande Darwin, esteve em Olinda, no fim de sua célebre viagem no Beagle que começou em Davenport a 27 de dezembro de 1831 e o levou a várias partes do mundo. O naturalista não se deixou prender por encanto nenhum do Recife: cidade suja, de ruas estreitas e mal calçadas, as casas altas e sombrias. Mas um dia tomou uma canoa e foi até Olinda: *"The old city of Olinda".* Achou-a mais simpática e mais limpa do que o Recife. Mas em Pernambuco ocorreu a Darwin um fato muito desagradável: não lhe permitiram atravessar uns quintais para subir a certa elevação do terreno de onde ele queria gozar a paisagem. Falta de delicadeza que o grande cientista não esqueceu nunca, escrevendo no seu livro que o Brasil era "um país de escravidão e por conseguinte de degradação moral". Olinda devia ser por esse tempo uma cidade de muitos escravos pelas ruas, carregando palanquins, baldes de água, barris de excremento; e pelo rio, remando canoas cheias de água, de areia, de tijolos, de doutores e de estudantes para o Recife. Os anúncios de jornais da época estão cheios de escravos canoeiros que se vendiam em Olinda e uns mss. que examinei do antigo arquivo de Olinda – o *Livro de*

João Fernandes Vieira (segundo gravura do *Castrioto lusitano*, edição de 1679)

CADEIA

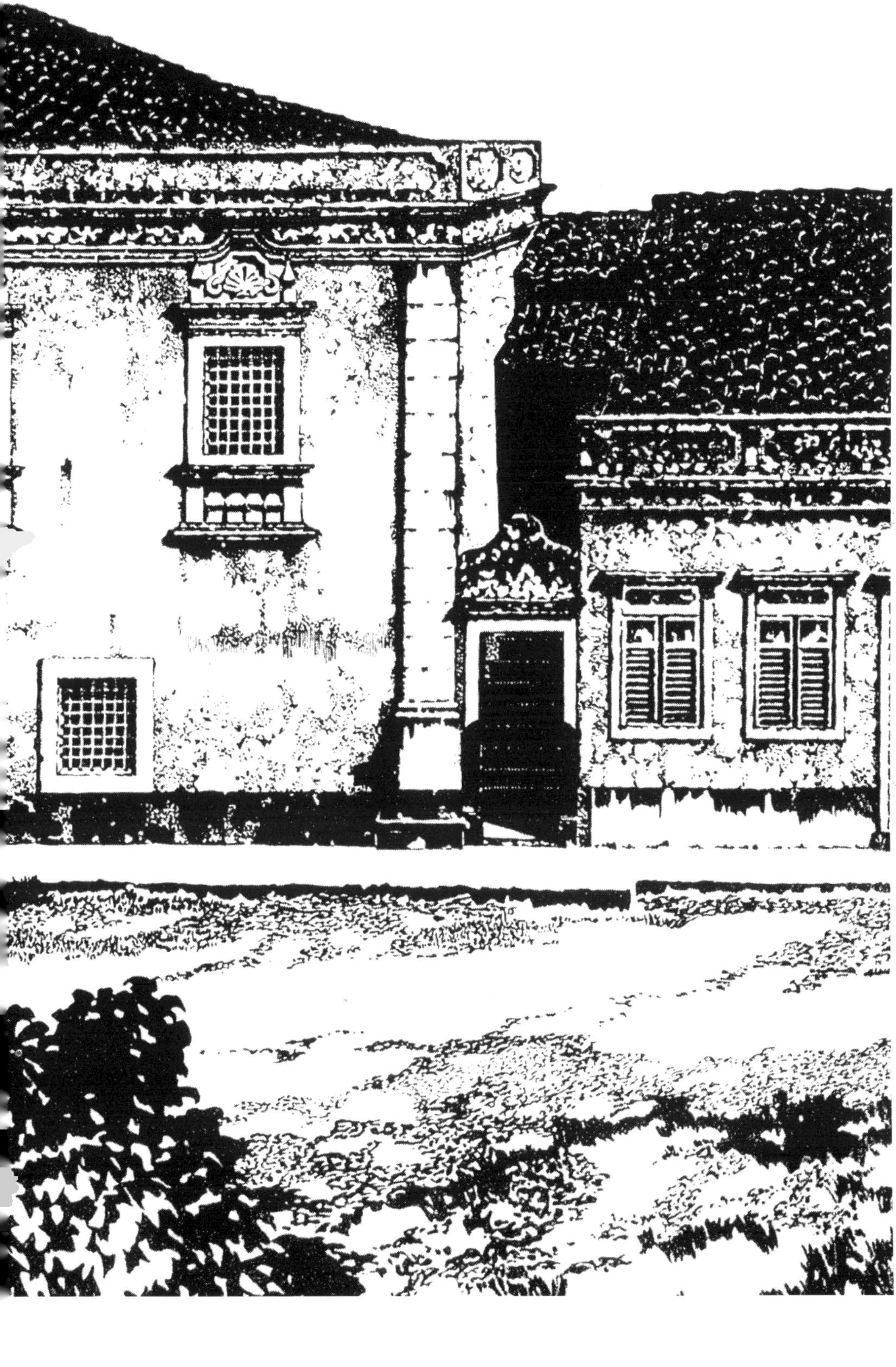

lançamento de meia-sisa de escravos da Câmara Municipal de Olinda (1830) e o de *Classificação de escravos* (Olinda) – deixam ver muito nome de escravo do tempo em que Darwin esteve no Recife e subiu a Olinda; mas com tanta infelicidade que encontrou brasileiros descorteses (ou simplesmente tímidos e receosos das intenções daquele inglês então terrivelmente feio?)

Outros estrangeiros ilustres que já estiveram em Olinda e admiraram suas igrejas velhas e a vista dos seus arredores: Ramalho Ortigão, o Infante Don Afonso de Espanha, John Casper Branner. Vários falam de Olinda nos seus livros: Koster, Tollenare, Maria Graham, Gardner, Kidder e Fletcher, Herbert Smith, Liais, Ricardo Severo, Guenther.

Se Darwin encontrou em Pernambuco gente ao seu ver horrorosamente descortês, o alemão Guenther se admirou de tanta delicadeza. Às vezes indo de bonde do Recife para Olinda pagavam-lhe o bonde. Ele perguntava ao condutor quem pagara; fora alguém que já tinha saltado. Algum olindense.

Foi de Olinda – do velho Palácio dos Bispos – que Emmanuel Liais descobriu em 1860 o cometa que tomou o seu nome.

Darwin e Outros Estrangeiros Ilustres que Visitaram Olinda

O poeta e crítico de arte inglês Sir Secheverell Sitwell (1897-1988) – irmão de dois outros grandes escritores: Dame Edith Sitwell e Sir Osbert Sitwell – visitou Olinda numa tarde radiosa que lhe deu a impressão de estar numa cidade mediterrânea. É o que diz em seu livro Southern baroque revisited, *publicado em Londres por Weinfeld & Nicholson, em 1967 e, no mesmo ano, em Nova York por G. P. Putnan's Sons. Havia missa vespertina no Mosteiro de São Bento e a luz crepuscular penetrava pelas lunetas da capela-mor, dando tons violeta ao grande e belo retábulo. O requintado inglês não se conteve e escreveu em seu livro: "Is was there, had one the choice, that one would to live in Brazil".*

O grande poeta mexicano Carlos Pellicer (1897-1977) – que visitou o Brasil em 1922, como secretário particular de José Vasconcelos, o insigne autor de Raça cósmica *– é outro estrangeiro conquistado por Olinda, como prova este poema do seu livro de 1924* Piedra de sacrifícios, *que reproduzimos na tradução de Ivo Barroso: "Canção de Olinda,/ canção!/ Canção de palmeiras nas colinas/ e da colina junto ao coração./ Canção de Olinda/ cantada ao som/ da cintilação da água verde,/ jardim de sol./ Olinda, a brasileira/ blasonada e linda/ que atou no penacho de suas palmeiras/ jogos de faixas/ e é a mais linda./ Canção de Olinda,/ canção/ de palmeiras sobre a colina/ junto ao coração".*

Entre Olinda e o Recife

ENTRE Olinda e o Recife, pelo caminho antigo – que era "o istmo" – se encontram a Cruz do Patrão com todas as suas lendas de mal-assombrado e suas histórias de crimes; a Fortaleza do Brum. Infelizmente as ruínas da Fortaleza do Buraco já tiveram sua bem executada sentença de morte. Delas resta apenas uma como lápide melancólica dizendo: "Aqui foi a Fortaleza do Buraco". Foram essas ruínas sacrificadas às obras de expansão da Base Naval do Recife. Sacrifício parece que desnecessário. Inútil. Lastimável.

"A Ponta de Olinda"

NA "Ponta de Olinda" está o farol. "Por 45° S. E. dele à distância de uma milha e meia estão os baixos de Olinda, os quais correm paralelos à costa", informa o prático Filipe Francisco Pereira no seu *Roteiro da Costa do Norte do Brasil,* livro excelente e hoje raro. À "Ponta de Olinda" se seguem praias cheias de mucambos de palha, como no tempo de Vauthier, e de um primitivismo que é uma delícia para os olhos: Rio Tapado, Rio Doce, Quadras, Conceição, Praia da Janga, Pau Amarelo, Maria Farinha, Praia do Ramalho. Praias todas ligadas à vida ou à história de Olinda. Principalmente a de Pau Amarelo, onde desembarcaram os holandeses.

BICA DO ROSÁRIO

Para o Interior

DE AUTOMÓVEL vai-se facilmente de Olinda não só a Igaraçu – resto de velha e ilustre cidade, com igrejas e um convento de Franciscanos dos mais remotos dias brasileiros, que pode ser considerada a mãe de Olinda e a avó do Recife – como à velha casa-grande de Monjope e a Paulista – lugares que têm vivido um tanto à sombra da antiga capital de Pernambuco. Questão de minutos. De Olinda a Monjope são 18 km: 30 minutos de automóvel. De Olinda a Paulista 9 km: 15 minutos. Pode-se ir de autolotação. O turista tendo tempo, não deixe de ir a esses como que anexos de Olinda. Podendo vá mais longe: Pasmado, Rio Doce, Igaraçu ou Iguaraçu, Maria Farinha. Cada lugar desses tem o seu interesse ou seu encanto. Há duas praças de carros de aluguel: Varadouro e Carmo.

Paulista, com suas revivescências folclóricas – sobretudo o maracatu Cambinda Velha do maestro José Félix – e com sua magnífica criação de cavalos – a do Coronel Frederico Lundgren – deu durante anos renome nacional e até internacional a Pernambuco. Suas próprias brigas de galo foram famosas. Vinham entendidos do Sul do Brasil conhecer e admirar os galos de briga dos irmãos Lundgren, como outros vinham conhecer e admirar seus belos cavalos de corrida que a lenda dizia serem alimentados a gemada e vinho do Porto.

Em Igaraçu não deixe o turista de ver a pinacoteca ali reunida, em ambiente ideal para pinturas religiosas brasileiras do tempo colonial, pela delegacia, em Pernambuco, da Fundação do Patrimônio Histórico e Artístico Nacional, hoje dirigida por pernambucano ilustre, com casa em Olinda. Lembre-se de Olinda, como reduto de arte barroca da melhor do Brasil colonial, que seus tesouros, neste particular, vêm exaltados em autorizado livro de mestre no assunto: o inglês Sachaverel Sitwell. O inglês coloca os interiores das igrejas de Olinda e do Recife acima dos de igrejas de qualquer outra parte do Brasil.

Observatório

Literatura

OLINDA está num romance – *O palanquim dourado* – e em vários contos de Mário Sete. Faria Neves Sobrinho, Raul Bopp, José Lins do Rego, Luís Delgado, Lucilo Varejão, Olívio Montenegro, Eduardo de Morais, Álvaro Lins, Mauro Mota, Paulino de Andrade, vários outros escritores, poetas, jornalistas estão ligados a Olinda. Alguns porque moraram lá. Outros porque ainda moram na velha cidade e lá têm escrito suas melhores páginas. O caso do Professor Luís Delgado.

O jurista Paula Batista é que parece que não gostava de Olinda: lente da Academia de Direito quase não ia dar aulas no casarão do Varadouro. O Recife prendia-o o tempo todo. Maciel Monteiro também: nomeado diretor da Academia de Olinda deixou-a ao abandono. Quando lhe perguntaram por que, respondeu que nascera para viver de amores e não para dirigir estudantes. Como que insinuando que Olinda não era tão favorável aos amores como o Recife. Mas devia ter esclarecido: aos amores de um galanteador de salão como ele, Antônio Peregrino. Porque Olinda está ligada a muita história de amor sentimental; a muito idílio; a muito noivado; a muito namoro de praia. O dom-juan de baronesas trintonas parece não ter conhecido o gosto de um namoro desses, com alguma menina-moça de quinze anos, olindense e moradora à Rua de São Bento ou no Pátio de São Pedro.

LITERATURA

Prima do escritor Múcio Leão e, como ele, pernambucana, Sílvia Leão radicou-se nos Estados Unidos, tendo fundado uma escola em Richmond, na Virginia. Em 1945 publicou o romance White shore of Olinda, *no qual recorda os pescadores, jangadeiros, rendeiras e toda a gente humilde que humaniza a paisagem olindense. Dentre os escritores vivos residentes em Olinda podem ser citados: Abdias Moura, Alberto da Cunha Melo, André Caldas Cervinski, Clovis Cavalcanti, José Rodrigues de Paiva, Lucilo Varejão Neto, Marco Accioly, Marcos Prado e Olímpio Bonald Neto.*

CASA-GRANDE DO ENGENHO MONJOPE

Arte

OLINDA tem sido pintada ou desenhada por mais de um artista ilustre. Do pintor Franz Post – que o crítico norte-americano Robert C. Smith Júnior chama o "Canaletto do Brasil" – e de outros artistas holandeses do século XVII restam numerosos desenhos e pinturas de Pernambuco colonial. Inclusive de Olinda.

Algumas podem ser admiradas no Museu do Estado fundado no Recife pelo Governador Estácio Coimbra. Há um Post no Palácio do Governo. Outras estão nos museus da Europa ou em coleções particulares como as duas *Olinda*, de Post, pertencentes hoje a um colecionador do Rio de Janeiro. Várias são dos arredores de Olinda e uma nos deixa ver as matas e as águas do Beberibe perto de um engenho característico da época (século XVII) com sua casa-grande de pau a pique e de telhado caído para os lados, sua varanda ou copiar hospitaleiro, sua senzala coberta de palha ou capim, nesse encontro de estilo e de técnica dos europeus com o estilo e a técnica de construção dos indígenas e dos negros, que se processou de modo tão interessante no Norte do Brasil, e que resultou em tipos de casa nobre e de casa popular tão bem adaptados às condições da natureza regional. O Beberibe foi também pintado pelo grande paisagista pernambucano Teles Júnior em quadro que se vê no mesmo Museu do Estado, no Recife, onde se encontram ainda uma pintura a óleo do Carmo de Olinda e uma aquarela do antigo Convento. Há pinturas e desenhos de Olinda por artistas modernos: Fédora do Rego Monteiro Fernandes, Cícero Dias, Joaquim Cardoso, Mário Monteiro Fernandes, Cícero Dias, Joaquim Cardoso, Mário Nunes, Luís Jardim, Percy Lau, Augusto Rodrigues.

Se é certo, como observou com muita penetração num de seus comentários sobre a arte brasileira Mr. Robert C. Smith Júnior, que o Brasil se mostra, quanto às artes populares, em situação inferior à de outros países hispano-americanos, convém não esquecer que nos arredores de Olinda o fabrico da faca de ponta chegou a uma expressão artística digna de nota; e digna também de estudo.

Deve-se também recordar o desenvolvimento que a arte de ourives alcançou na Olinda colonial – cidade onde no século XVI as fechaduras das

JANELA – CONVENTO DE SÃO FRANCISCO

casas eram de prata; e de prata as baixelas dos colonos – exceção feita dos pobres que os bispos tinham de socorrer com farinha de mandioca para eles não morrerem de fome. Dos mestres marceneiros da Olinda colonial restam, para provar o amor com que trabalhavam as boas madeiras da terra, além das obras de talha nas igrejas e nos conventos, as janelas de xadrez, os caixilhos, as bandeiras de portas e de janelas nas casas.

Oferecem ainda interesse, como expressão de arte popular, os clubes carnavalescos de Olinda – os populares, com seus estandartes e enfeites, danças e cantos tradicionais – e os maracatus e pastoris. Dizem os velhos olindenses que o clube mais antigo de que resta ainda o estandarte primitivo, e que há quase meio século não se exibe, é o Pastoril Olindense. Havia outros: Remadores; Presepenses; Papudos; Borboletas; Caçadores; Aviadores; Destemidos; Falenas e o Democráticos (clube de alegoria e crítica). Nos últimos anos vêm animando os carnavais de Olinda os seguintes clubes: Pás (fundado em 1901); Lenhadores (1907); Vassourinhas (1912); Cariris (1921); Goiamu na Vara (1924); Batutas de Olinda (1932); Prato Misterioso (1924); Bolinha de Ouro (1933); Pavão de Ouro (1934); Bobinhos

BALCÃO – PÁTIO DE SÃO PEDRO, 7

do Sítio Novo (1936); Maracatu Cata-lixo (1935). Ainda hoje Olinda se faz notar nos carnavais do Recife pelos seus clubes: bonitas fantasias, estandartes artísticos, boa música.

ARTE

Em 1973, o grande designer Aloísio Magalhães comprou duas casas na Ladeira da Misericórdia, onde residia nos intervalos de suas muitas atividades como Secretário da Cultura do MEC. Passou então a documentar a paisagem e o casario de Olinda em desenhos que serviram de base para uma série de litografias, preparadas na hoje infelizmente extinta Oficina Guianases. Reunidas num portfólio, as litografias tornaram-se a peça-chave para o reconhecimento pela Unesco de Olinda como Patrimônio Natural e Cultural da Humanidade. Da argumentação pelo título de Patrimônio da Humanidade. O fato está documentado no livro de Felipe Taborda e João de Souza Leite A herança do olhar: o design de Aloísio Magalhães (Rio de

JANELA – CADEIA DE OLINDA

Janeiro: Artviva, 2003, p. 80). O álbum Olinda de Aloísio Magalhães é constituído de onze litografias impressas em preto sobre papel Magnani e Impressio, dos quais foram feitos 70 exemplares e oito provas de artista, com 70x50 cm. Vítima de um derrame cerebral quando participava, em Veneza, de uma reunião de ministros da cultura de países latinos, Aloísio Magalhães faleceu em Pádua, em 13 de junho de 1982. Seis meses depois a Unesco aprovava o projeto pelo qual ele tanto lutou.

  Discípulo de Aloísio Magalhães, o arquiteto Petroni Cunha utilizou o estilete e a arte do papel recortado para fixar paisagens e figuras olindenses e divulgar eventos programados e apoiados pela Prefeitura no período de 1984 a 1988. Sua importante obra gráfica foi reunida no livro Varadouros de Olinda, publicado em 1988.

  Em dezembro de 1981 foi inaugurada na Galeria Oficina 154 a exposição Olinda: Poema em Cores de Rosa Maria, documentada em portfólio editado no mesmo ano pela Fundação Joaquim Nabuco e pela Secretaria de Turismo, Cultura e Esportes de Pernambuco, com apresentação de Gilberto Freyre. A mesma artista já havia pintado o mapa turístico de Olinda para a quarta edição deste livro, como já

BALCÃO – RUA PRUDENTE DE MORAIS, 440

registramos na apresentação. A Galeria Oficina 154 muito contribuiu para dinamizar a vida artística olindense.

Impossível falar de arte em Olinda sem uma referência especial a João Câmara. Além de pintor internacionalmente conhecido, ele tem agitado a vida artística olindense, tendo fundado e dirigido a Oficina Guianases, de saudosa memória. Outra figura muito ligada às artes em Olinda é o italiano pernambucanizado Giuseppe Baccaro, homem de grande cultura literária e artística e colecionador de tudo: livros e opúsculos raros, manuscritos, mapas, pinturas, gravuras, desenhos etc. Com João Câmara, Odilon Ribeiro Coutinho e outros, Baccaro tentou fundar, no Mercado da Ribeira, uma editora de livros artísticos, tendo para isso adquirido o equipamento gráfico utilizado por Raymundo de Castro Maia na impressão dos livros editados pela Sociedade dos Cem Bibliófilos: projeto que, infelizmente, não chegou a ser concretizado.

Olinda também foi pintada por um grande artista que, entretanto, nunca esteve na cidade. Ouça o turista como aconteceu o milagre. Um dos maiores pintores brasileiros foi o fluminense Alberto da Veiga Guignard (1896-1962). Descendente de franceses e formado na Europa, Guignard foi professor e pintor no Rio de Janeiro *e em Minas Gerais. Em 1943, num momento difícil de sua vida, tornou-se hóspede do político pernambucano Antônio de Barros Carvalho, em sua bela mansão da Rua Rumânia nº 20, entre os bairros cariocas de Laranjeiras e Cosme Velho. É possível que, ao mandar fazer o teto da sala de refeições de sua residência com nove quadriláteros formados pelas traves de madeira que sustentam a laje, Barros Carvalho tenha se inspirado nos tetos das igrejas da Ordem Terceira de São Francisco, formados por caixotes de madeira pintados com cenas da história sagrada. E conseguiu que seu hóspede pintasse Olinda baseado apenas em mapa, fotografias e informações. Guignard pintou Olinda usando óleo diretamente na laje e enfeitando até as traves em flores, volutas, brasões e outros elementos. São nove painéis totalizando 580x410 cm.*

A mansão foi adquirida pela Prefeitura do Rio de Janeiro para sediar seu Instituto de Arte e Cultura/Rioarte, que reproduziu os painéis no álbum A Olinda de Guignard na Casa de Barros Carvalho, *publicado em 1985, com texto do crítico de arte Frederico Morais e apresentação do escritor Geraldo Mello Mourão, então presidente da Rioarte. "Esta Olinda pintada por Guignard, ou melhor, esta invenção de Guignard chamada Olinda" – escreve Frederico Morais – "tem, porém, sua verdade – geográfica, topográfica, urbanística, arquitetônica, cultural ou mesmo econômica. Ela parece imbuída até mesmo daquele sentido maternal e acolhedor que deve ter toda cidade, de acordo com Lewis Mumford, e que as cidades coloniais brasileiras ilustram tão bem" (p. 20).*

Desde 2001 a Secretaria do Patrimônio, Ciência, Cultura e Turismo da Prefeitura de Olinda promove, nos meses de novembro e dezembro de cada ano, a megaexposição Olinda Arte em Toda Parte. Trata-se do maior ateliê a céu aberto do país, com as casas dos artistas abertas ao público nas ladeiras do Sítio Histórico, além de exposições em espaços culturais, restaurantes, hotéis e pousadas. Dentre os artistas participantes da 5ª edição do evento (2005) destacam-se Baccaro, Cavani Rosas, Guita Charifker, Roberto Lúcio, Samico, Tânia Carneiro Leão, Teresa Costa Rego, Tiago Amorim. Residem ainda em Olinda conceituados arquitetos e pintores, como Acácio Gil Borsoi, Janete Costa, João Câmara, José Cláudio, Maria Carmem, Mariane Peretti, Petrônio Cunha, Raul Córdula.

Esporte

OLINDA é uma cidade em cujas águas de mar se nada muito. Era a praia querida do jornalista Assis Chateaubriand nos seus dias de estudante de Direito e de entusiasta da natação. Também de Carlos Dias Fernandes, A. Carneiro Leão, Múcio Leão. Hoje existem em Olinda vários clubes de futebol e outros esportes: São Miguel; Farol; São Cristóvão; Vera Cruz; Ateniense.

Escolas

HÁ EM OLINDA várias escolas mantidas pelo governo, umas municipais, outras do Estado. Escolas de curso primário. Escolas estaduais isoladas. Grupos escolares. Dentre as escolas particulares que nos últimos anos ou já há longo tempo vêm funcionando em Olinda – durante tanto tempo célebre pelo seu Seminário – destaquem-se as seguintes: Academia Santa Gertrudes; Orfanato Santa Teresa; Escola do Sagrado Coração de Jesus (Amaro Branco), para educação primária e com uma seção de corte e costura, a cargo dos religiosos franciscanos de Olinda, para crianças pobres; Escola Carlos Gonçalves, para educação primária; escola paroquial sita em Salgadinho, anexa à igreja, a cargo dos franciscanos, para crianças pobres; Escola Dom Bosco, escola primária, situada nos Peixinhos, para crianças pobres; Escola Santa Isabel, na estrada para Paulista, no final da Rua da Floresta, a cargo das freiras beneditinas, para crianças pobres. Algumas dessas escolas são subvencionadas pela Prefeitura.

Outras escolas vêm beneficiando a infância de Olinda com seu ensino. Infância e mocidade que mesmo em Olinda podem aprender datilografia e outras técnicas. Nota-se que à Olinda de hoje não falta Faculdade de Direito.

Escolas

Olinda possui hoje os seguintes cursos superiores: Aeso: Associação Olindense Dom Vital, Associação Pernambucana de Ensino Superior (Apesu), Centro Inter Universitário de Estudos, Convento de São Francisco (Filosofia e Teologia), Faculdade de Ciências Humanas de Olinda (dirigida pelas Beneditinas Missionárias de Tuntzig), Faculdade Olindense de Administração e Ciências Contábeis, Fundação de Ensino Superior de Olinda (Funesco), Instituto de Ensino Superior de Olinda (Ieso) (aulas noturnas no Colégio de São Bento) Seminário Diocesano (Filosofia e Teologia) e Sociedade Olindense de Educação e Cultura (Soec).

JANELA – RUA DO AMPARO, 157

JANELA – RUA DO AMPARO, 149

Associações Beneficentes e de Cultura

NÃO FALTAM a Olinda associações beneficentes e de cultura. Entre essas, bibliotecas. Cinemas também. A chamada Rádio Olinda, com programas de interesse cultural, dá nome nacional a Olinda. Por algum tempo foi famoso seu Casino: lugar de danças e jogos. Desse Casino chegou a ser proprietário o escritor Luís Jardim, nos seus dias românticos de morador do Recife. Não falta à Olinda de hoje Academia de Letras. Vários os olindenses ilustres, entre seus membros. Entre eles, o Deputado Barreto Guimarães, notável pela sua eloquência.

Por outro lado, em educação e cultura esportiva, conta atualmente Olinda com o exímio mestre de capoeira Zumbi Baía e sua escola. E entre associações religiosas não católicas, com o culto afro-brasileiro, com sede própria, de que é babalorixá Pai Adão, com adeptos entusiásticos.

ASSOCIAÇÕES BENEFICENTES E DE CULTURA

Entre as instituições registradas na Secretaria do Patrimônio, Ciência, Cultura e Turismo destacam-se: Academia Olindense de Letras, Associação Cultural, Artística e Musical de Peixinhos, Associação de Teatro de Olinda, Associarte, Centro de Cultura Luiz Freire, Conselho de Negro e Negra de Olinda, Coral São Pedro Mártir de Olinda, Esecub (Espaço Social, Educacional e Cultural do Brasil), Entidade Cultural Afoxé Oxum Panda, Fórum de Artistas e Produtores de Olinda, Fórum Educando para a Cultura, Fundação Centro de Preservação dos Sítios Históricos de Olinda, Instituto Histórico e Geográfico de Olinda, Movimento Negro Unificado, Sociedade dos Poetas Vivos e Sociedade Olindense de Defesa da Cidade Alta (Sodeca). O sobrado mourisco da Rua do Amparo é hoje sede da Casa de Cultura dos Povos de Língua Portuguesa.

Rainha de Maracatu

Irmandades, Confrarias e Associações Católicas

OLINDA tem nove irmandades e confrarias e várias associações religiosas. Dentre as primeiras: Ordem Terceira de São Francisco de Olinda, fundada nos primeiros dias de Olinda. E mais as seguintes, algumas de fundação igualmente antiga: Confraria de São Benedito, Irmandade de Nossa Senhora do Guadalupe, Confraria de Nossa Senhora do Amparo, Confraria de Nossa Senhora do Rosário, Irmandade de Nosso Senhor do Bom Jesus dos Passos da Graça, Irmandade de Nosso Senhor dos Martírios, Irmandade de Nosso Senhor do Bonfim, Confraria de Nossa Senhora do Bom Parto.

Das associações destacam-se as seguintes: Pia União Santo Antônio, Confraria São José, Oblatas São Bento, São Vicente de Paulo, Apostolado Misto da Oração, Apostolado do Coração de Jesus, Coração Eucarístico, Associação das Almas, Associação da Doutrina Cristã, Filhas de Maria do Orfanato Santa Teresa, Filhas de Maria da Misericórdia, Ação Católica, Jocistas etc.

Quitutes

ALGUM restaurante bom em Olinda? Alguma preta Eva? Algum Dudu? Sou obrigado a responder ao turista que não: não existe hoje nenhum.

Nenhum Dudu (aliás o próprio Dudu do Recife morreu) onde se possa encomendar uma boa peixada ou uma daquelas fritadas de goiamu que tornaram célebre a casa do Professor Olívio Montenegro, quando o notável crítico literário morava no Farol e tinha por cozinheira a Enedina, quadraruna perita no preparo daquele prato e de outros quitutes deliciosos.

O que houve em Olinda de interesse para o turista guloso foi uma fábrica de doce de goiaba. Se o turista nunca viu fabricar-se doce de goiaba, vá em Pernambuco a uma fábrica de goiabada. Mas não estranhe o cheiro enjoado da goiaba madura – aliás compensado pelo cheiro bom da goiaba quente em ponto de doce.

Há casas em Olinda onde se come muito bom peixe. Há sobrados onde moram doceiras velhas. Há freiras que fabricam muito bom licor. Há cônegos quituteiros em cujas casas se almoça esplendidamente.

O Professor Gilberto Osório de Andrade lembrou, há anos, em sugestivo artigo de jornal sobre doces e bolos antigos de Pernambuco que vivia ainda em Olinda "uma preta, Rosa, muita velha, que foi companheira de uma das mais famosas boleiras de Pernambuco até princípios deste século – Sinhá Brito ou seja Dona Maria Emília Xavier de Brito, filha de Adriano Xavier de Brito [...]".

Sinhá Brito deixou muita receita boa de que a preta velha Rosa conservou a tradição em Olinda. Uma delas, o "doce do amor": "24 gemas de ovos, 1 libra de açúcar feito mel grosso. Batem-se as gemas e depois o mel frio botam-se as gemas para ligar e depois vai à fôrma para assar". E este bom-bocado: "2 libras de mel grosso, meia libra de manteiga, 12 ovos (sendo 10 sem claras), meia quarta de queijo do reino ralado, uma quarta de farinha do reino. Bota-se a manteiga no mel quente e deixa-se esfriar. Depois mistura-se tudo e vai ao forno em forminhas untadas com manteiga. 2 libras de mel dão 32 bons-bocados".

Porta – Convento de Santa Teresa

Jardins Modernos

OLINDA tem hoje os seguintes jardins públicos: o da Praça da Liberdade, tendo no meio um quiosque e, entre as palmeiras, uma estátua que comemora a libertação dos escravos, e outro no Pátio de São Pedro (hoje Praça Conselheiro João Alfredo), um jardinzinho pequenote e de bastante mau gosto. Podia, entretanto, ser muito pior.

Do antigo Horto del-Rei restam árvores exóticas, entre o mato tropical de um sítio hoje particular. E onde o bonde – já desaparecido – dava a volta, no Farol, havia uma verdadeira mata de cajueiros que foram estupidamente derrubados. Há sempre no Brasil alguém derrubando ou querendo derrubar alguma coisa boa e velha: igreja, sobrado, mata, árvore, monte. Esperou-se do decreto nacional de 8 de abril de 1939 que acalmasse, pelo Brasil todo, esse mau gosto de derrubar, sem necessidade, árvores ou casas ligadas à fisionomia de sítios tradicionais. Mas não acalmou.

Pena que não haja em Olinda um restaurante entre as velhas árvores do Horto del-Rei ou todo cercado de cajueiros. Ao pé de coqueiros, há mais de um. Um deles o que fica próximo do restaurado Forte do Pau Amarelo: tão merecedor, pelo seu interesse histórico, da visita do turista. Aliás, em Olinda, quem tiver algum espírito de aventura, pode comer sua boa peixada fresca em humilde restaurantezinho franciscanamente instalado em mucambo ou palhoça limpa e arejada. E terá a impressão de estar em alguma ilha tropical.

PASSO DA RIBEIRA

Jornais

OLINDA quase não tem imprensa própria. Vive dos jornais do Recife. Houve tempo, porém, em que seus jornais foram célebres: o tempo dos seus jornais políticos de estudantes. Salientaram-se o *Olindense,* no qual escreveu Sousa Franco, e o *Eco de Olinda,* no qual escreveram Nabuco de Araújo e Cansanção de Sinimbu. Houve depois o *Independente,* o *Correio de Olinda* e já neste século, *O Progresso.*

Passarinhos, Galos de Briga, Papagaios

HOUVE tempo em que Olinda, como o Recife, foi cidade de muito passarinho solto no arvoredo e outro tanto preso em gaiolas. Gaiolas que chegaram a ser uma verdadeira arte regional, tal o esmero posto no seu fabrico; e que nas feiras e mercados formavam pilhas de material tão festivo para os olhos de homens, velhos e meninos como as armações de papagaios para serem empinados nos "meses de ventos" e os piões de madeira, alguns também feitos a capricho e com decorações sugestivas.

De gaiolas de passarinhos dizem pessoas antigas que foi fabricante notável o Carneiro Vilela que à arte de escrever juntava a de pintar; mas que confessava com alguma tristeza ter ganho mais dinheiro fabricando gaiolas de passarinhos, vendidas nas feiras e mercados, do que escrevendo romances e pintando quadros. Até fidalgos davam-se outrora, em Pernambuco, à arte de fazer gaiolas para passarinhos ou armações de papagaios que, empinados, aos ventos de agosto, enchiam os céus de Olinda e do Recife de vermelhos, amarelos e verdes alegres. Enquanto bonitas gaiolas, presas às paredes, nos terraços, nos arvoredos, nas próprias salas, alegravam velhos sobradões ou casarões ilustres da Olinda de outrora, célebres pelos passarinhos – alguns de briga – criados por seus moradores. Por juízes, médicos, desembargadores, comerciantes, professores, altos funcionários públicos que, regressando à tarde, de trem, do Recife, substituíam a sobrecasaca pelo chambre e as botinhas pelos chinelos e iam eles próprios cuidar da limpeza de suas gaiolas, de dar de comer aos seus passarinhos, de mimar os mais delicados, de examinar o estado dos de briga. Que aos domingos os canários de briga deviam estar prontos – como os galos, criados por outros olindenses para o mesmo fim – para as grandes lutas. De Olinda o amor às brigas de canários e, sobretudo, de galos, comunicou-se a Paulista; e tornaram-se célebres, no Brasil inteiro, não só os cavalos de corrida como os galos de briga criados em Paulista pelos Lundgren; e que algumas vezes vinham exibir-se em Olinda. Célebres também se tornaram os passarinhos criados num sobrado da Rua de São Bento por austero funcionário da Fazenda, que se dava ao requinte de escolher ele

Porta – Rua do Amparo, 149

próprio, nos balaios ou cestos dos verdureiros, a verdura fresca para seus bem tratados prisioneiros que, agradecidos a tantos mimos, enchiam todas as manhãs, a horas certas, a rua inteira da sua música, juntando-a à que vinha com igual regularidade do Mosteiro e dos frades também presos nas suas celas.

Ainda hoje quem subir velhas ruas de Olinda, encontrará passarinhos de gaiola a alegrarem casarões ou sobrados antigos com sua música que às vezes chega até às ruas, como a música dos cantos dos frades de São Bento e das freiras da Misericórdia. Com a sua música e com as suas cores; canários, curiós, galos-de-campina, craúnas, arapongas ou ferreiros.

São de uma variedade espantosa e pitoresca os passarinhos que voam pelas árvores de Olinda ou cantam nas gaiolas de casas olindenses: galo-de-campina, papa-capim, curió, sabiá (branca e da mata), sangue-de-boi, cardeal, tucano, xexéu, verde-linho, patativa (chorona e gelada), pintor, serrador, lavandeira, concriz (que, no sertão de Pernambuco, é conhecido sob o nome de chofreu), peitica, ferreiro (araponga), sanhaçu, azulão, papa-arroz, pega, bico-de-lacre, canário belga (também conhecido como do império), bem-te-vi, feitor, guriatã, rouxinol-do-pará, encontro de bananeira, papagaio, joão-de-barro, beija-flor, rolinha (burguesa, cascavel, fogo-apagou, caldo-de-feijão, pé-roxo), asa-branca.

Interessante é a hierarquia desses pássaros nos mercados, refletida, como a dos peixes nos dias de Semana Santa, nas tabelas de preços nos mercados ou nas feiras, tanto de Olinda como do Recife. Uma já antiga reportagem no *Diário de Pernambuco*, de um entendido no assunto, Agamenon Malta, informava há já alguns anos sobre o preço dos passarinhos regionais: "Varia desde o canário pardo, que custa cinco cruzeiros, ao canário de briga, que vale milhares; ou ao canário belga e à araponga, que custa em média, de novecentos a mil cruzeiros. Essa média, vale observar, tem como extremo (máximo e mínimo) cifras bem distantes. Uma araponga boa vale cinco mil cruzeiros, assim como um canário-do-império, cantador, não se compra por menos de dois mil".

Acrescentava a reportagem: "Curioso é que nem todos os pássaros podem ser engaiolados. O beija-flor, o rouxinol, a lavandeira, por exemplo, não se adaptam à prisão. Uma vez engaiolados, morrem em pouco tempo. A maioria, porém se adapta à gaiola, a ponto de alguns, entre os canários o fato é muito comum, serem soltos, passearem e depois voltarem à prisão. São os chamados 'canários de solta'". E quanto ao canto dos vários pássaros: "Enquanto uns cantam com estridência e dentro de um certo ritmo (o canto do 'açoite' dos galos-de-campina), outros cantam miúdo e com melodia (o caso do pintassilgo). Contraste marcante se pode estabelecer entre o ferreiro, nome vulgar da araponga, e o rouxinol. Enquanto o ferreiro dá seus gritos lancinantes ou suas batidas metálicas, o rouxinol é mavioso e suave. Também no porte e na cor são muito diferentes. O ferreiro é cinzento-claro e branco, de grande porte, como pássaro; já o rouxinol tem a plumagem marrom e é de porte delicado como o seu canto. Aquele vive bem, aprisionado, e na gaiola canta como se estivesse em liberdade; este entoa suas melodias pulando de um galho a outro, mas, se aprisionado, emudece e morre, como uma flor de estufa que se expõe aos raios ardentes do Sol".

Dos canários de briga muito haveria que dizer. Os bons valem fortunas. São "casados" ou "descasados" pelos donos. E, segundo mestre Malta, "qualquer principiante na arte de criar canários de briga sabe o que fazer para o *valiente* ter 'fogo', quando ele está na muda".

Fato curioso é o de criadores de pássaros serem no Recife – como são em Olinda: a cidade pernambucana por excelência, de passarinhos engaiolados: rival de Goiana neste particular – homens. Só homens. A tradição regional parece não incluir, senão por exceção, mulheres, nem entre criadores nem entre tratadores de pássaros. São maciçamente homens: desde os chamados homens do povo aos socialmente importantes. Médicos, engenheiros, advogados, professores, comerciantes, industriais e até sacerdotes. Que terão a dizer psicólogos – principalmente psicanalistas – sobre o assunto que aqui se lança à sua ciência?

Olinda não é só famosa pelos canários: também pelos galos de briga. Outrora, quem fosse do Recife a Olinda pelo Salgadinho, dia de domingo, encontrava, tanto quanto para os lados de Caxangá, brigas de galos. E não nos esqueçamos de papagaios-bichos, também, nos velhos tempos, muito comuns em casas ilustres de Olinda; e de alguns dos quais se diz que, em contraste com os desbocados do cais da Lingueta no Recife, chegaram a distinguir-se pelo modo piedoso por que repetiam o latim de rezas aprendidas com cônegos e frades.

Fosforita

UMA palavra que esteve por algum tempo muito associada ao nome de Olinda foi esta: fosforita. É que Olinda está se tornando grande centro de exploração científica de jazidas de fosfatos: exploração científica e industrial. E a graça é que para esse inesperado e importantíssimo acontecimento muito concorreu a primeira edição deste *Guia*.

Como? Ouça o leitor: é uma história digna de ser ouvida. Mostra que em pequenos fatos, aparentemente sem importância e apenas pitorescos, revelados por simples pesquisador do passado ou do cotidiano de um povo, que não se incomode de ser acusado de historiador ou sociólogo "amante do pitoresco" com sacrifício – dizem os censores – da Ciência com C maiúsculo, podem estar sugestões de muito mais valor que nos fatos grandiosos ou nas generalizações majestosas.

Umas das revelações deste *Guia*, desde a sua primeira edição (1939), é a de ter havido em Olinda certo culto da água, permitido pela Igreja; e motivado por umas águas consideradas milagrosas. Águas que curavam doentes. Que davam força aos fracos. Divulgou este *Guia* velho documento, desconhecido ou ignorado, sobre essas águas de Olinda, por algum tempo consideradas milagrosas: motivo até de procissões de que participavam piedosamente os próprios acadêmicos de Direito, rapazes naquela época dados a troças e boêmias que eram o deus nos acuda dos burgueses mais pacatos do velho burgo de Duarte Coelho.

"– E daí?" – perguntará já impaciente o leitor. Daí resultou que o mesmo *Guia* foi lido por alguém com olhos perspicazes de pioneiro industrial que pensou: "essas águas milagrosas devem ter sido águas minerais". Esse alguém foi um dos maiores industriais que Pernambuco e o Brasil têm tido: o "Tenente da Catende", isto é, Antônio da Costa Azevedo. Seduzido pela ideia de encontrar em Olinda águas minerais, talvez de grande poder ou valor terapêutico, é que Costa Azevedo adquiriu em 1944 as terras do antigo Engenho do Forno da Cal, próximas às do Mosteiro dos Beneditinos, aos herdeiros do engenheiro José Antônio de Almeida Pernambuco: outra boa figura de pernambucano cheio de planos para Pernambuco e para o Brasil; e a quem se deve mais de uma obra importante de engenharia, dentre as realizadas entre nós por técnicos nacionais.

Verificou-se existirem nas terras do velho engenho e em terras vizinhas, além de grandes reservas de calcários – não se chamasse o Engenho Forno da Cal – a esperada água: água mineral radioativa. Está se cuidando da sua industrialização.

Mas não ficou nisto. Outro tesouro foi descoberto: não sob a forma de ouro enterrado por jesuítas mas sob forma ainda mais rica de possibilidades: fosfatos.

E agora deponha, sobre o assunto, em notas escritas especialmente para este *Guia*, um dos jovens engenheiros hoje empenhados no desenvolvimento de indústrias capazes de dar à velha Olinda novo relevo não só nacional como internacional: "No decorrer das pesquisas por sondagem, para localização do lençol de água mineral" – diz ele – "foi descoberta, em 1949, pelo químico Paulo Duarte, a ocorrência de fosfatos. Imediatamente foi requerida por Novolinda a concessão do direito de pesquisa de fosfatos, autorizada pelos Decretos 29.958, 29.959 e 29.991, de setembro de 1951. Então foram iniciados os trabalhos de pesquisa, em regime de colaboração com o Departamento Nacional de Produção Mineral (DNPM). No decorrer da pesquisa, foi descoberta a existência de fosfatos, também na propriedade Fragoso, que foi adquirida pela Companhia Indústrias Reunidas Olinda – Ciro, de que participavam como maiores acionistas Novolinda, Grupo Sampaio e Rui Carneiro da Cunha".

Acrescenta o informante: "Para conhecimento mais seguro da mina, foram realizados vários estudos. Mais do que isto: foram realizados mais de quinhentos furos de sonda, no decorrer da pesquisa de fosfatos, permitindo uma perfeita localização da jazida, ficando constatada a existência de 32 milhões de toneladas no Forno da Cal e 13 milhões em Fragoso, completando um total de 45 milhões de toneladas de fosfato, tendo por recobrimento uma grande jazida de calcário". Também foram abertos poços destinados à verificação da amostragem em profundidade. Estudou-se o comportamento da água subterrânea. Recolheram-se pareceres de técnicos: do francês Albert Robaux, do norte-americano Reed, que aqui estiveram.

Depois de tudo isso é que se resolveu a organização prática da operação das jazidas de fosfatos, conforme plano elaborado pelo técnico Sandoval Carneiro. Adquiriu-se uma escavadeira que já iniciou a mineração. Obteve-se por arrendamento, do Ministério da Agricultura, pequena usina de beneficiamento que, adaptada, vem realizando trabalho experimental, enquanto se projeta usina definitiva, com capacidade, em produto final, de 250 mil toneladas anuais de fosfato.

Outra vez, nas palavras do informante, técnico no assunto: "Sendo muito pequena a produção nacional de fosfatos, nunca superior a 50 mil toneladas anuais, incluindo as fábricas de superfosfatos que se abastecem de matéria-prima importada, o Brasil tem sido suprido de fosfatos importados. A importação de adubos fosfatados (incluindo fosfatos naturais e superfosfatos) atingiu um máximo em 1951, de 225 mil toneladas, sendo em 1952, de 129 mil e em 1953, de 188 mil. Pelo que se vê a produção da usina de beneficiamento de Fasa será superior ao consumo atual de fosfatos em todo o país, podendo, portanto, fazer cessar o escoamento de divisas decorrente da importação de adubos fosfatados".

Ainda nas palavras do técnico: "O projeto da usina foi acompanhado nos Estados Unidos pelo Superintendente-Técnico de Fasa, engenheiro José Brito Passos; agora todo seu equipamento, praticamente, está encomendado. A estimativa é de que essa usina comece a funcionar muito breve, podendo abastecer todo o mercado nacional. Existem em Forno da Cal e em Fragoso – terras vizinhas às do Forno da Cal – loteamentos em andamento; além disso, as áreas de que já tiver sido extraído o fosfato, serão recompostas e loteadas. Quando começar a funcionar a grande usina, servirá a outra para moagem do calcário que será extraído juntamente com o fosfato". O que, em conjunto, dará vida nova à velha Olinda e acrescentará ao encanto da sua paisagem e às sugestões do seu passado, o esplendor de novas indústrias de interesse nacional. Mas isto se o Governo Federal compreender a importância dessa brasileiríssima iniciativa. Compreensão que está tardando. Será que o que se sonhou para fosforita em Olinda foi exagero? Ou lhe resta algum futuro?

Fosforita

Este capítulo apareceu na terceira e quarta edições de Olinda. Infelizmente, a Fosforita – instituída na Junta Comercial de Pernambuco em 15 de maio de 1953 – foi extinta em 1992, depois de produzir 4 milhões de toneladas de minérios. Para alguns observadores, a extinção decorreu do falecimento do empresário Domingos da Costa Azevedo, idealizador do projeto que, para outros, não fora adequadamente planejado. Além disso, a exploração de jazidas de fosfato é altamente prejudicial ao meio ambiente, como aconteceu – informa o economista Clovis Cavalcanti – na ilha de Nauru (Oceano Pacífico).

Pós-escrito

ESCRITO este meu segundo guia de cidade brasileira, ao qual contava juntar um terceiro, da cidade do Salvador da Bahia e um quarto, de Belém do Pará (tendo já renunciado a favor do carioca Gastão Cruls a audácia das audácias de tentar escrever um quinto, do Rio de Janeiro, com ilustrações de uma ilustre senhora austríaca, a ex-Ministra da Áustria no Brasil, Senhora Maria Retschek e a favor do admirável Jorge Amado, a ambição de tentar um Guia de Salvador e hesitar em vir a escrever o projetado roteiro de Santa Maria de Belém, em face de já ter realizado tal façanha o escritor Leandro Tocantins), devo tornar claro, não só por vaidade como para me defender da possível acusação de ter adaptado à nossa língua e ao nosso país, tranquilamente e sem dizer nada, um tipo de guia hoje triunfante noutros países – especialmente nos Estados Unidos, com a sua magnífica American Guide Series, em que os guias têm sido principalmente trabalho de escritores sem emprego, sob a direção do Federal Writer's Project amparado pelo Governo Americano – que o *Guia prático, histórico e sentimental da cidade do Recife* foi escrito em 1933 e publicado no ano seguinte. Antes, portanto, das publicações norte-americanas.

Como estas, fora obra de escritor sem emprego. A mesma causa produzindo resultados semelhantes em países diversos. Mas no Brasil, primeiro; só depois nos Estados Unidos.

A relativa originalidade daquele *Guia prático, histórico e sentimental da cidade do Recife* não passou completamente despercebida aos brasileiros e estrangeiros que primeiro o conheceram. Carolina Nabuco destacou-a num artigo cheio de ternura pela cidade do seu pai. Salientou que no gênero era um esforço novo e não um guia de cidade dentro dos estilos convencionais. Novidade para o Brasil como para outros países – embora à França e à Alemanha não faltem estudos do tipo do *Rouen*, de Lavainville e dos de Banse e Ponten sobre velhas cidades ou regiões características da Europa, que são verdadeiros guias para o turista mais culto; e a Espanha tenha no *Granada la bella,* do seu grande Angel Ganivet, guia para qualquer turista que goste do seu bocado de literatura. Mas são livros sem o caráter preciso de guias.

Uns muito literários, outros muito históricos ou sociológicos ou geográficos.

Aliás, dos estudos de Banse e de Ponten sobre regiões ou cidades características da Europa, eu poderia recordar, de passagem, que sendo científicos – germanicamente científicos no texto e nas ilustrações – são também literários, Banse destacando-se pelo que um dos seus críticos chama "o toque vivamente impressionista" que ele dá às suas interpretações – e não puras descrições – de paisagens densas e de velhos burgos. Quando há pouco um ilustre perito em estatística municipal – método muito dos sociólogos norte-americanos de terceira ordem e que nos estudos sociais só pode ser utilizado como auxiliar de outros, mais penetrantes e mais sutis – me acusava, a propósito de *Nordeste,* de querer eu o impossível, procurando ser ao mesmo tempo "ecológico" e "impressionista" nas minhas tentativas de interpretação do complexo nordestino dos valores de sua natureza e de sua cultura, harmonizados ou em conflito – lembrei-me muito dos dois mestres alemães; e também de Konrad Guenther. E consolei-me a mim mesmo, imaginando-me um reflexo muito pálido desses e de outros híbridos: de Schultze-Naumburg, por exemplo, mestre de todos em questões de estética das paisagens, em que os valores de cultura se unem aos da natureza para formar conjuntos novos.

Este guia de Olinda é do mesmo tipo do da cidade do Recife e vem se juntar tímido e um tanto sem jeito à literatura deste gênero em língua portuguesa – que conta, em Portugal, com o excelente *Guia de Portugal* – e já enriquecido no Brasil com um roteiro de Salvador, de mestre Jorge Amado, e com o *Guia de Ouro Preto,* de mestre Manuel Bandeira (o poeta) e ilustrações de Luís Jardim: talvez as melhores ilustrações que Jardim fez até hoje. Do mesmo Jardim são, aliás, os desenhos que enriquecem o *Guia do Recife.*

Este *Guia,* que há de ter seus defeitos, resulta entretanto de muito contacto do autor com Olinda – com sua vida, sua gente, suas árvores, seus montes, suas praias, seu folclore, sua tradição oral, seus mexericos de sacristia e de rua, suas casas, igrejas e conventos velhos; e também com seus restos de arquivos – mss. do Senado da Câmara, da Sé, de conventos, de irmandades; livros mss. de correspondência de capitães-mores e de cônsules; a parte, ainda em mss., referente a Olinda, dos *Anais pernambucanos,* de Pereira da Costa. Também foram consultados trabalhos impressos de frades e de cronistas antigos como Dom Domingos de Loreto Couto e Frei Manuel do Salvador; o *Orbe seráfico* de Jaboatão; a tradução portuguesa de *Olinda conquistada,* do protestante Baers; obras de historiadores: Varnhagen, Southey, Fernandes Gama, Oliveira Lima, Joaquim Nabuco, Alfredo de Carvalho. Ainda

MUSEU DE OLINDA

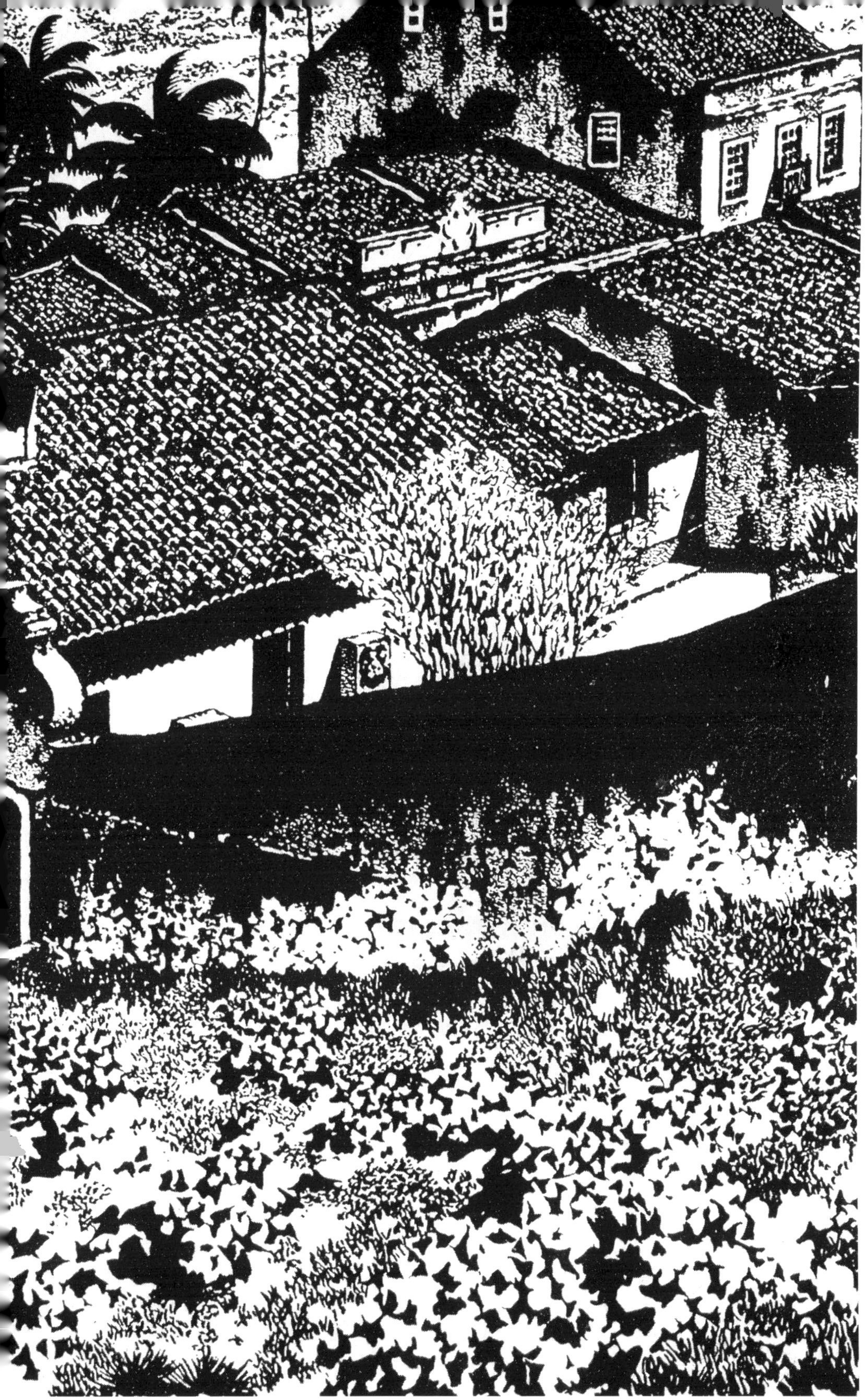

das fontes antigas, devo salientar os mss. dos diários íntimos do engenheiro francês L. L. Vauthier e de Félix Cavalcanti e dos cadernos de assentos e outros papéis particulares da ilustre família Guimarães Peixoto; vários livros de viajantes estrangeiros; o *Relatório* de Aníbal Fernandes ao assumir em Pernambuco a direção da Inspetoria de Monumentos e, naturalmente, os anúncios de jornais, que o autor hoje não dispensa em trabalho nenhum. De viajantes dos nossos dias, serviu-se muito do livro do naturalista alemão Konrad Guenther: *Das Antlitz Brasiliens*. É um dos melhores que se têm escrito sobre o Brasil. Livro de homem de ciência que é também um impressionista cheio de sensibilidade a paisagens e a pessoas.

Aparece esta 5ª edição, publicada pela Livraria José Olympio Editora em convênio com o Banco do Nordeste do Brasil S.A. deste *Guia de Olinda* enriquecida com algumas fotografias selecionadas das várias que foram postas à disposição do autor por vários de seus amigos. Inclusive pelo ex-governador do Estado de Pernambuco: Nilo Coelho. Enriquecida também com um mapa turístico de Olinda, traçado, à base de informes do próprio autor do *Guia,* pela pintora Rosa Maria Barros Carvalho: mapa que é, no gênero, um primor.

Agradece o autor à Diretoria-geral de Estatística do Estado de Pernambuco e ao agente municipal de estatística de Olinda, as notas que lhe forneceram para a parte informativa deste guia. Dos números, aliás, pouco se utilizou.

As notas referentes aos subterrâneos, datas de fundação de irmandades, clubes, associações e escolas – foram recolhidas amavelmente pelo Sr. João da Silva Matos Peixoto Guimarães, boa figura de velho olindense e bom amigo do autor.

A outros antigos moradores de Olinda, como o Sr. Antônio Matos Peixoto Guimarães e a Irmã Superiora de Santa Teresa, deixa aqui o autor seus agradecimentos pelas informações que tiveram a amabilidade de lhe fornecer. Agradecimentos que se estendem ao olindense Barreto Guimarães, que talvez seja hoje o pernambucano mais ligado a Olinda, pelo amor vigilante ou militante que dedica à velha cidade.

CRUZ DO PATRÃO

"Entre Olinda e o Recife, pelo caminho antigo – que era o istmo – se encontra a Cruz do Patrão com todas as suas lendas de mal-assombrado e suas histórias de crimes". (Desenho de Luís Jardim para a 2ª edição de Olinda).

Apensos

Carnaval

Num de seus primeiros livros – Noroeste e alguns poemas do Brasil – Ribeiro Couto viu Olinda "sempre com seu rosário"; e pediu ao Recife que não fizesse barulho: "deixe-a dormir". É verdade que as noites olindenses são, durante quase todo o ano, docemente tranquilas. No Carnaval, entretanto, a cidade se transforma. No capítulo "Arte", deste livro, Gilberto Freyre se refere às agremiações carnavalescas olindenses apenas como expressões de arte popular: "seus estandartes e enfeites, danças e cantos tradicionais". É que em 1939 o Carnaval de Olinda ainda não havia se tornado tão famoso como o do Rio de Janeiro, o da Bahia e, antigamente, o do Recife. José Lins do Rego chegou a escrever que o povo recifense "foi capaz de expulsar os holandeses e de fazer o melhor Carnaval do mundo". Hoje o Carnaval de Olinda sobrepujou o do Recife, tornando-se uma atração turística nacional e internacional.

Em seu livro Olinda carnaval e povo: 1900-1981, *editado em 1982 pela Fundação Centro de Preservação dos Sítios Históricos de Olinda, José Ataíde sugere que o Carnaval de Olinda começou a crescer depois da década 1960, graças ao progresso dos meios de comunicação e ao Complexo Rodoviário de Salgadinho que, juntamente com a Estrada do Bultrins e outras vias estruturais, facilitaram o acesso ao Sítio Histórico, no qual se concentram os festejos atuais. Estes se anunciam no início de cada ano, aumentam na semana pré-carnavalesca, atingem o clímax nos três dias de folia e só acabam na Quarta-feira de Cinzas, quando o povo canta com o Bloco da Saudade: "Na madrugada do terceiro dia/ Chega a tristeza/ E vai-se embora a alegria/ Os foliões vão regressando/ E o nosso Bloco diz adeus à folia".*

Na lista de centenas de agremiações que desfilaram no Carnaval de 2006, organizada pela Secretaria do Patrimônio, Ciência, Cultura e Turismo da Prefeitura de Olinda, José Ataíde assinalou as que considera mais importantes. Elas são aqui indicadas em ordem alfabética para mostrar como o Carnaval de Olinda cresceu: A Burra do Rosário, A Cabaçuda, A Cabidela, A Dama do Bairro, Afoxé Alafin Oyo, Afoxé Povo de Odé, A Jaula, Alafin, Mimi, A Porca, As Almas Sebosas, As Domésticas em Folia, Assim É Foda Meritíssimo, As Virgens de Olinda, Axé da Lua, A Zebra, Bacalhau do Batata, Bacalhau do Verdura, Batucada Badia, Batutas de Olinda, Bebylleurias, Bloco Zé Quirino, Boneco Vem Comigo, Burra Namoradeira, Cachorro do Homem do Miúdo,

Cantolinda, Caranguejo Papa Mé, Cariri Olindense, Ceroula de Olinda, Cheguei Agora, Chorão, Clube Carnavalesco Misto Vassourinhas, D'breck, 10 de Xarque e Uma Latinha, Elefante de Olinda, Enquanto Isso na Sala da Justiça, Escola de Samba Acadêmicos de Sítio Novo, Escola de Samba Movidos a Álcool, Escola Preto Velho, Espanadores de Olinda, Eu Acho É Pouco, Eu Quero Mais, Flor da Lira, Galícia em Folia, Gang 90, Garoto da Ilha do Maruim, Garoto do Homem da Meia-noite, Grupo Afro Senzala, Guaiamum de Olinda, Lenhadores Olindenses, Linguarudos de Ouro Preto, Lisos em Folia, Maracafrevo, Maracambuco, Maracatu Axé de Kilu, Maracatu do Camaleão, Maracatu Chuva de Prata, Maracatu Leão Coroado, Maracatu Leão da Serra, Maracatu Nação de Luanda, Maracatu Piaba de Ouro, Marim dos Caetés, Menina da Tarde, Maracatu Nação Pernambuco, Menina do Rio Doce, Menino da Gráfica, Menino da Tarde, Menino do Rio Doce, Motoristas em Folia, Mulher do Dia, Mungunzá de Zuza Miranda & Thais, O Bagaço É Meu, O Bicho de Pé, O Bicudo da Tabajara, O Cupidão, O Fazendão, O Filho do Homem da Meia-noite, O Filho do Menino da Tarde, O Franciscão, O Garçon, O Homem da Meia-noite, O Marajá do Rio Doce, O Romântico de Rio Doce, O Turista, O Urso de Tua Mãe, O Vassourão, Patusco, Pitombeira dos Quatro Cantos, Quase Que Não Sai, Sai, na Marra, Sem Rumo e Sem Direção, Seu Mangabeira, Tarados da Sé, Tá Rindo de Quê?, Trinca de Ás, Urso da Madame, Urso Pé de Lá, Virgens de Outro Preto.

OLINDA EM DADOS

*Coordenadas geográficas:
Latitude 08° 01' 48"
Longitude 34° 51' 42"
Altitude 16 m*

Temperatura média anual: 27° C

Área total: 40,83 km²

Área urbana: 34,54 km²

Área rural: 6,29 km²

Área do polígono de preservação: 10,4 km²

Área do polígono de tombamento: 1,2 km²

De acordo com o Censo Demográfico realizado pelo IBGE em 2000, a população residente de Olinda é de 367.902 habitantes, sendo 360.564 na zona urbana e 7.348 na zona rural.

A divisão político-administrativa de Olinda compreende os seguintes bairros: Águas Compridas, Aguazinhas, Alto da Bondade, Alto da Conquista, Alto da Nação, Alto do Sol Nascente, Amaro Branco, Amparo, Bairro Novo, Bonsucesso, Bultrins, Caixa d'Água, Casa Caiada, Carmo, Fragoso, Guadalupe, Jardim Atlântico, Jardim Brasil, Monte, Ouro Preto, Passarinho, Peixinhos, Rio Doce, Salgadinho, Santa Teresa, São Benedito, Sapucaia, Sítio Novo, Tabajara, Varadouro, Vila Popular e Zona Rural.

Fonte: Secretaria de Planejamento, Transportes e Meio Ambiente da Prefeitura de Olinda.

BIOBIBLIOGRAFIA DE GILBERTO FREYRE

1900 Nasce no Recife, em 15 de março, na antiga Estrada dos Aflitos (hoje Avenida Rosa e Silva), esquina da Rua Amélia (o portão da hoje residência da família Costa Azevedo está assinalado por uma placa), filho do dr. Alfredo Freyre educador, juiz de direito e catedrático de Economia Política da Faculdade de Direito do Recife e de Francisca de Mello Freyre.

1906 Tenta fugir de casa, abrigando-se na materna Olinda, desde então, cidade muito de seu amor e da qual escreveria, em 1939, *Olinda, 2º guia prático, histórico e sentimental de cidade brasileira*.

1908 Entra no jardim de infância do Colégio Americano Gilreath. Lê as *Viagens de Gulliver* com entusiasmo. Não consegue aprender a escrever, fazendo-se notar pelos desenhos. Tem aulas particulares com o pintor Telles Júnior, que reclama contra sua insistência em deformar os modelos. Começa a aprender a ler e escrever em inglês com Mr. Williams, que elogia seus desenhos.

1909 Primeira experiência da morte: a da avó materna, que muito o mimava por supor que o neto tinha *deficit* de aprendizado, pela dificuldade em aprender a escrever. Temporada no engenho São Severino do Ramo, pertencente a parentes seus. Primeiras experiências rurais de menino de engenho. Mais tarde escreverá sobre essa temporada uma das suas melhores páginas, incluída em *Pessoas, coisas & animais*.

1911 Primeiro verão na Praia de Boa Viagem, onde escreve um soneto camoniano e enche muitos cadernos com desenhos e caricaturas.

1913 Dá as primeiras aulas no colégio. Lê José de Alencar, Machado de Assis, Gonçalves Dias, Castro Alves, Victor Hugo, Emerson, Longfellow, alguns dramas de Shakespeare, Milton, César, Virgílio, Camões e Goethe.

1914 Ensina latim, que aprendeu com o próprio pai, conhecido humanista recifense. Toma parte ativa nos trabalhos da sociedade literária do colégio. Torna-se redator-chefe do jornal impresso do colégio *O Lábaro*.

1915 Tem lições particulares de francês com Madame Meunieur. Lê La Fontaine, Pierre Loti, Molière, Racine, *Dom Quixote*, a Bíblia, Eça de Queirós, Antero de Quental, Alexandre Herculano, Oliveira Martins.

1916 Corresponde-se com o jornalista paraibano Carlos Dias Fernandes, que o convida a proferir palestra na capital do estado vizinho. Como o dr. Freyre não apreciava Carlos Dias Fernandes, pela vida boêmia que levava, viaja autorizado pela mãe e lê no Cine-Teatro Pathé sua primeira conferência pública, dissertando sobre Spencer e o problema da educação no Brasil. O texto foi publicado no jornal *O Norte*, com elogios de Carlos Dias Fernandes. Influenciado pelos mestres do colégio e pela leitura do *Peregrino*, de Bunyan, e de uma biografia do dr. Livingstone, toma parte em atividades evangélicas e visita a gente miserável dos mucambos recifenses. Interessa-se pelo socialismo cristão, mas lê, como espécie de antídoto a seu misticismo, autores como Spencer e Comte. É eleito presidente do Clube de Informações Mundiais, fundado pela Associação Cristã de Moços do Recife. Lê ainda, nesse período, Rui Barbosa, Joaquim Nabuco, Oliveira Lima, Nietzsche e Sainte-Beuve.

1917 Conclui o curso de Bacharel em Ciências e Letras do Colégio Americano Gilreath, fazendo-se notar pelo discurso que profere como orador da turma, cujo paraninfo é o historiador Oliveira Lima, daí em diante seu amigo (ver referência ao primeiro encontro com Oliveira Lima no prefácio à edição de suas *Memórias*, escrito a convite da viúva e do editor José Olympio). Leitura de Taine, Renan, Darwin, Von Ihering, Anatole France, William James, Bergson, Santo Tomás de Aquino, Santo Agostinho, São João da Cruz, Santa Teresa, Padre Vieira, Padre Bernardes, Fernão Lopes, São Francisco de Assis, São Francisco de Sales e Tolstói. Começa a estudar grego. Torna-se membro da Igreja Evangélica, desagradando a mãe e a família católica.

1918 Segue, no início do ano, para os Estados Unidos, fixando-se em Waco (Texas) para matricular-se na Universidade de Baylor. Começa a ler Stevenson, Pater, Newman, Steele e Addison, Lamb, Adam Smith, Marx, Ward, Giddings, Jane Austen, as irmãs Brönte, Carlyle, Mathew Arnold, Pascal, Montaigne, Euclides da Cunha e Monteiro Lobato. Inicia sua colaboração no *Diário de Pernambuco*, com a série de cartas intituladas "Da outra América".

1919 Ainda na Universidade de Baylor, auxilia o geólogo John Casper Branner no preparo do texto português da *Geologia do Brasil*. Ensina francês a jovens oficiais norte-americanos convocados para a guerra. Estuda Geologia com Pace, Biologia com Bradbury, Economia com Wright, Sociologia com Dow, Psicologia com Hall e Literatura com A. J. Armstrong, professor de Literatura e crítico literário especializado na filosofia e na poesia de Robert Browning. Escreve os primeiros artigos em inglês publicados por um jornal de Waco. Divulga suas primeiras caricaturas.

1920 Conhece pessoalmente, por intermédio do professor Armstrong, o poeta irlandês William Butler Yeats (ver, no livro *Artigos de jornal*, um capítulo sobre esse poeta), os "poetas novos" dos Estados Unidos: Vachel Lindsay, Amy Lowell e outros. Escreve em inglês sobre Amy Lowell. Como estudante de Sociologia, faz pesquisas sobre a vida dos negros de Waco e dos mexicanos marginais do Texas. Conclui, na Universidade de Baylor, o curso de Bacharel em Artes, mas não comparece à solenidade da formatura: contra as praxes acadêmicas, a Universidade envia-lhe o diploma por intermédio de um portador. Segue para Nova York e ingressa na Universidade de Colúmbia. Lê Freud, Westermarck, Santayana, Sorel, Dilthey, Hrdlicka, Keith, Rivet, Rivers, Hegel, Le Play, Brunhes e Croce. Segundo notícia publicada no *Diário de Pernambuco* de 5 de junho, a Academia Pernambucana de Letras, por proposta de França Pereira, elege-o sócio-correspondente.

1921 Segue, na Faculdade de Ciências Políticas (inclusive as Ciências Sociais Jurídicas) da Universidade de Colúmbia, cursos de graduação e pós-graduação dos professores Giddings, Seligman, Boas, Hayes, Carl van Doren, Fox, John Basset Moore e outros. Conhece pessoalmente Rabindranath Tagore e o príncipe de Mônaco (depois reunidos no livro *Artigos de jornal*), Valle-Inclán e outros intelectuais e cientistas famosos que visitam a Universidade de Colúmbia e a cidade de Nova York. A convite de Amy Lowell, visita-a em Boston (ver, sobre essas visitas, artigos incluídos no livro *Vida, forma e cor*). Segue, na Universidade de Colúmbia, o curso do professor Zimmern, da Universidade de Oxford, sobre a escravidão na Grécia. Visita a Universidade de Harvard e o Canadá. É hóspede da Universidade de Princeton, como representante dos estudantes da América Latina que ali se reúnem em congresso. Lê Patrick Geddes, Ganivet, Max Weber, Maurras, Péguy, Pareto, Rickert, William Morris, Michelet, Barrès, Huysmans, Verlaine, Rimbaud, Baudelaire, Dostoiévski, John Donne, Coleridge, Xenofonte, Homero, Ovídio, Ésquilo, Aristóteles e Ratzel. Torna-se editor associado da revista *El Estudiante Latinoamericano*, publicada mensalmente em Nova York pelo Comitê de Relações Fraternais entre Estudantes Estrangeiros. Publica diversos artigos no referido periódico.

1922 Defende tese para o grau de M. A. (*Magister Artium* ou *Master of Arts*) na Universidade de Colúmbia sobre *Social life in Brazil in the middle of the 19th century*, publicada em Baltimore pela *Hispanic American Historical Review* (v. 5, n. 4, nov. 1922) e recebida com elogios pelos professores Haring, Shepherd, Robertson, Martin, Oliveira Lima e H. L. Mencken, que aconselha o autor a expandir o trabalho em livro. Deixa de comparecer à cerimônia de formatura, seguindo imediatamente para a Europa, onde recebe o diploma, enviado pelo reitor Nicholas Murray Butler. Vai para a França, a Alemanha, a Bélgica, tendo antes passado pela Inglaterra, estabelecendo-se em Oxford. Vai para a França, atravessa a Espanha e conhece Portugal, onde se fixa. Lê Simmel, Poincaré, Havelock Ellis, Psichari, Rémy de Gourmont, Ranke, Bertrand Russell, Swinburne, Ruskin, Blake, Oscar Wilde, Kant e Gracián. Tem o retrato pintado pelo modernista brasileiro Vicente do Rego Monteiro. Convive com ele e com outros artistas modernistas brasileiros, como Tarsila do Amaral e Brecheret. Na Alemanha conhece o Expressionismo; na Inglaterra, estabelece contato com o ramo inglês do Imagismo, já seu conhecido nos Estados Unidos. Na França, conhece o anarcossindicalismo de Sorel e o federalismo monárquico de Maurras. Convidado por Monteiro Lobato a quem fora apresentado por carta de Oliveira Lima –, inicia sua colaboração na *Revista do Brasil* (n. 80, p. 363-371, agosto de 1922).

1923 Continua em Portugal, onde conhece João Lúcio de Azevedo, o Conde de Sabugosa, Fidelino de Figueiredo, Joaquim de Carvalho e Silva Gaio. Regressa ao Brasil e volta a colaborar no *Diário de Pernambuco*. Da Europa escreve artigos para a *Revista do Brasil* (São Paulo), a pedido de Monteiro Lobato.

1924 Reintegra-se no Recife, onde conhece José Lins do Rego, incentivando-o a escrever romances, em vez de artigos políticos (ver referências ao encontro e início da amizade entre o sociólogo e o futuro romancista do Ciclo da Cana-de-Açúcar no prefácio que este escreveu para o livro *Região e tradição*). Conhece José Américo de Almeida através de José Lins do Rego. Funda-se no Recife, a 28 de abril, o Centro Regionalista do Nordeste, com Odilon Nestor, Amaury de Medeiros, Alfredo Freyre, Antônio Inácio, Morais Coutinho, Carlos Lyra Filho, Pedro Paranhos, Júlio Bello e outros. Excursões pelo interior do estado de Pernambuco e pelo Nordeste com Pedro Paranhos, Júlio Bello (que a seu pedido escreveria as *Memórias de um senhor de engenho*) e seu irmão, Ulysses Freyre. Lê, na capital do estado da Paraíba, conferência publicada no mesmo ano: Apologia pro generatione sua (incluída no livro *Região e tradição*).

1925 Encarregado pela direção do *Diário de Pernambuco*, organiza o livro comemorativo do primeiro centenário de fundação do referido jornal, *Livro do Nordeste*, onde foi publicado pela primeira vez o poema modernista de Manuel Bandeira "Evocação do Recife", escrito a seu pedido (ver referências no capítulo sobre Manuel Bandeira no livro *Perfil de Euclides e outros perfis*). O *Livro do Nordeste* consagra, também, o até então desconhecido pintor Manuel Bandeira e publica desenhos modernistas de Joaquim Cardoso e Joaquim do Rego Monteiro. Lê na Biblioteca Pública do Estado de Pernambuco uma conferência sobre Dom Pedro II, publicada no ano seguinte.

1926 Conhece a Bahia e o Rio de Janeiro, onde faz amizade com o poeta Manuel Bandeira, os escritores Prudente de Morais Neto (Pedro Dantas), Rodrigo M. F. de Andrade, Sérgio Buarque de Holanda, o compositor Villa-Lobos e o mecenas Paulo Prado. Por intermédio de Prudente, conhece Pixinguinha, Donga e Patrício e se inicia na nova música popular brasileira em noitadas boêmias. Escreve um extenso poema, modernista ou imagista e ao mesmo tempo regionalista e tradicionalista, do qual Manuel Bandeira dirá depois que é um dos mais saborosos do ciclo das cidades brasileiras: "Bahia de todos os santos e de quase todos os pecados" (publicado no Recife, no mesmo ano, em edição da *Revista do Norte*, reeditado em 20 de junho de 1942, na revista *O Cruzeiro* e incluído no livro *Talvez poesia*). Segue para os Estados Unidos como delegado do *Diário de Pernambuco*, ao Congresso Panamericano de Jornalistas. Convidado para redator-chefe do mesmo jornal e para oficial de gabinete do governador eleito de Pernambuco, então vice-presidente da República. Colabora (artigos humorísticos) na *Revista do Brasil* com o pseudônimo de J. J. Gomes Sampaio. Publica-se no Recife a conferência lida, no ano anterior, na Biblioteca Pública do Estado de Pernambuco: A propósito de Dom Pedro II (edição da *Revista do Norte*, incluída, em 1944, no livro *Perfil de Euclides e outros perfis*). Promove no Recife o 1º Congresso Brasileiro de Regionalismo.

1927 Assume o cargo de oficial de gabinete do novo governador de Pernambuco, Estácio de Albuquerque Coimbra, casado com a prima de Alfredo Freyre, Joana Castelo Branco de Albuquerque Coimbra. Conhece Mário de Andrade no Recife e proporciona-lhe um passeio de lancha no rio Capibaribe.

1928 Dirige, a pedido de Estácio Coimbra, o jornal *A Província*, onde passam a colaborar os novos escritores do Brasil. Publica no mesmo jornal artigos e caricaturas com diferentes pseudônimos: Esmeraldino Olímpio, Antônio Ricardo, Le Moine, J. Rialto e outros. Lê Proust e Gide. Nomeado pelo governador Estácio Coimbra, por indicação do diretor A. Carneiro Leão, torna-se professor da Escola Normal do Estado de Pernambuco: primeira cadeira de Sociologia que se estabelece no Brasil com moderna orientação antropológica e pesquisas de campo.

1930 Acompanhando Estácio Coimbra ao exílio, visita novamente a Bahia, conhece parte do continente africano (Dacar, Senegal) e inicia, em Lisboa, as pesquisas e os estudos em que se basearia *Casa-grande & senzala* ("Em outubro de 1930 ocorreu-me a aventura do exílio. Levou-me primeiro à Bahia; depois a Portugal, com escala pela África. O tipo de viagem ideal para os estudos e as preocupações que este ensaio reflete", como escreverá no prefácio do mesmo livro).

1931 A convite da Universidade de Stanford, segue para os Estados Unidos, como professor extraordinário daquela universidade. Volta, no fim do ano, para a Europa, permanecendo algum tempo na Alemanha, em novos contatos com seus museus de antropologia, de onde regressa ao Brasil.

1932   Continua, no Rio de Janeiro, as pesquisas para a elaboração de *Casa-grande & senzala* em bibliotecas e arquivos. Recusando convites para empregos feitos pelos membros do novo governo brasileiro um deles José Américo de Almeida –, vive, então, com grandes dificuldades financeiras, hospedando-se em casas de amigos e em pensões baratas do Distrito Federal. Estimulado pelo seu amigo Rodrigo M. F. de Andrade, contrata com o poeta Augusto Frederico Schmidt então editor a publicação do livro por 500 mil-réis mensais, que recebe com irregularidades constantes. Regressa ao Recife, onde continua a escrever *Casa-grande & senzala*, na casa do seu irmão, Ulysses Freyre.

1933   Conclui o livro, enviando os originais ao editor Schmidt, que o publica em dezembro.

1934   Aparecem em jornais do Rio de Janeiro os primeiros artigos sobre *Casa-grande & senzala*, escritos por Yan de Almeida Prado, Roquette-Pinto, João Ribeiro e Agrippino Grieco, todos elogiosos. Organiza no Recife o 1º Congresso de Estudos Afro-Brasileiros. Recebe o prêmio da Sociedade Felipe d'Oliveira pela publicação de *Casa-grande & senzala*. Lê na mesma sociedade conferência sobre O escravo nos anúncios de jornal do tempo do Império, publicada na revista *Lanterna Verde* (v. 2, fev. 1935). Regressa ao Recife e lê, no dia 24 de maio, na Faculdade de Direito e a convite de seus estudantes, conferência publicada, no mesmo ano, pela Editora Momento: O estudo das ciências sociais nas universidades americanas. Publica-se no Recife (Oficinas Gráficas The Propagandist, edição de amigos do autor, tiragem de apenas 105 exemplares em papel especial e coloridos a mão por Luís Jardim) o *Guia prático, histórico e sentimental da cidade do Recife*, inaugurando, em todo o mundo, um novo estilo de guia de cidade, ao mesmo tempo lírico e informativo e um dos primeiros livros para bibliófilos publicados no Brasil. Nomeado em dezembro diretor do *Diário de Pernambuco*, cargo que exerceu por apenas quinze dias por causa da proibição, por Assis Chateaubriand, da publicação de uma entrevista de João Alberto Lins de Barros.

1935   A pedido dos alunos da Faculdade de Direito do Recife e por designação do ministro da Educação, inicia na referida escola superior um curso de Sociologia com orientação antropológica e ecológica. Segue, em setembro, para o Rio de Janeiro, onde, a convite de Anísio Teixeira, dirige na Universidade do Distrito Federal o primeiro Curso de Antropologia Social e Cultural da América Latina (ver texto das aulas no livro *Problemas brasileiros de antropologia*). Publica-se no Recife (Edições Mozart) o livro *Artigos de jornal*. Profere, a convite de estudantes paulistas de Direito, no Centro XI de Agosto, da Faculdade de Direito de São Paulo, a conferência Menos doutrina, mais análise, tendo sido saudado pelo estudante Osmar Pimentel.

1936   Publica-se no Rio de Janeiro (Companhia Editora Nacional, volume 64 da Coleção Brasiliana) *Sobrados e mucambos,* livro que é uma continuação da série iniciada com *Casa-grande & senzala*. Viaja à Europa, permanecendo algum tempo na França e em Portugal.

1937   Viaja de novo à Europa, dessa vez como delegado do Brasil ao Congresso de Expansão Portuguesa no Mundo, reunido em Lisboa. Lê conferências nas Universidades de Lisboa, Coimbra e Porto e na de Londres (King's College), publicadas no Rio de Janeiro no ano seguinte. Regressa ao Recife e lê conferência política no Teatro Santa Isabel, a favor da candidatura de José Américo de Almeida à presidência da República. A convite de Paulo Bittencourt, inicia colaboração semanal no *Correio da Manhã*. Publica-se no Rio de Janeiro (José Olympio) o livro *Nordeste: aspectos da influência da cana sobre a vida e a paisagem do Nordeste do Brasil*.

1938   É nomeado membro da Academia Portuguesa de História pelo presidente Oliveira Salazar. Segue para os Estados Unidos como lente extraordinário da Universidade de Colúmbia, onde dirige seminário sobre sociologia e história da escravidão. Publica-se no Rio de Janeiro (Serviço Gráfico do Ministério da Educação e Saúde) o livro *Conferência na Europa*.

1939   Faz sua primeira viagem ao Rio Grande do Sul. Segue, depois, para os Estados Unidos, como professor extraordinário da Universidade de Michigan. Publica-se no Rio de Janeiro (José Olympio) a primeira edição do livro *Açúcar* e no Recife (edição do autor, para bibliófilos) *Olinda, 2º guia prático, histórico e sentimental de cidade brasileira*. Publica-se em Nova York (Instituto de las Españas en los Estados Unidos) a obra do historiador Lewis Hanke *Gilberto Freyre, vida y obra*.

1940   A convite do governo português, lê no Gabinete Português de Leitura do Recife a conferência (publicada no Recife, no mesmo ano, em edição particular) Uma cultura ameaçada: a luso-brasileira. E, em Aracaju, na instalação da 2ª Reunião da Sociedade de Neurologia, Psiquiatria e Higiene Mental do Nordeste, lê conferência publicada no ano seguinte pela mesma sociedade; no dia 29 de outubro, na Biblioteca do Ministério das Relações Exteriores e a convite da Casa do Estudante do Brasil, profere conferência sobre Euclides da Cunha, publicada no ano seguinte; no dia 19 de novembro, na Biblioteca do Estado do Rio Grande do Sul, faz uma conferência por ocasião das comemorações do bicentenário da cidade de Porto Alegre, publicada em 1943. Participa do 3º Congresso Sul-Rio-Grandense de História e Geografia, ao qual apresenta, a pedido do historiador Dante de Laytano, o trabalho Sugestões para o estudo histórico-social do sobrado no Rio Grande do Sul, publicado no mesmo ano pela Editora Globo e incluído, posteriormente, no livro *Problemas brasileiros de antropologia*. Publica-se em Nova York (Columbia University Press) o opúsculo Some aspects of the social development on Portuguese America, separata da obra coletiva *Concerning Latin American culture*. Publicam-se no Rio de Janeiro (José Olympio) os livros *Um engenheiro francês no Brasil* e *O mundo que o português criou*, com longos prefácios, respectivamente, de Paul Arbousse-Bastide e Antônio Sérgio. Prefacia e anota o *Diário íntimo do engenheiro Vauthier*, publicado no mesmo ano pelo Serviço do Patrimônio Histórico e Artístico Nacional.

1941   Casa-se no Mosteiro de São Bento do Rio de Janeiro com a senhorita Maria Magdalena Guedes Pereira. Viaja ao Uruguai, Argentina e Paraguai. Torna-se colaborador de *La Nación* (Buenos Aires), dos *Diários Associados*, do *Correio da Manhã* e de *A Manhã* (Rio de Janeiro). Prefacia e anota as *Memórias de um Cavalcanti*, do seu parente Félix Cavalcanti de Albuquerque Melo, publicadas pela Companhia Editora Nacional (volume 196 da Coleção Brasiliana). Publica-se no Recife (Sociedade de Neurologia, Psiquiatria e Higiene Mental do Nordeste) a conferência Sociologia, psicologia e psiquiatria, depois ampliada e incluída no livro *Problemas brasileiros de antropologia*, contribuição para uma psiquiatria social brasileira que seria destacada pela Sorbonne ao conceder-lhe o título de doutor *honoris causa*. Publica-se no Rio de Janeiro (Casa do Estudante do Brasil) e em Buenos Aires a conferência Atualidade de Euclides da Cunha (incluída, em 1944, no livro *Perfil de Euclides e outros perfis*). Ao ensejo da publicação, no Rio de Janeiro (José Olympio), do livro *Região e tradição*, recebe homenagem de grande número de intelectuais brasileiros, com um almoço no Jóquei Clube, em 26 de junho, do qual foi orador o jornalista Dario de Almeida Magalhães.

1942   É preso no Recife, por ter denunciado, em artigo publicado no Rio de Janeiro, atividades nazistas e racistas no Brasil, inclusive as de um padre alemão a quem foi confiada, pelo governo do estado de Pernambuco, a formação de jovens escoteiros. Com seu pai reage à prisão, quando levado para "a imunda Casa de Detenção do Recife", sendo solto, no dia seguinte, por interferência direta de seu amigo general Góes Monteiro. Recebe convite da Universidade de Yale para ser professor de Filosofia Social, que não pôde aceitar. Profere, no Rio de Janeiro, discurso como padrinho de batismo de avião oferecido pelo jornalista Assis Chateaubriand ao Aeroclube de Porto Alegre. É eleito para o Conselho Consultivo da American Philosophical Association. É designado pelo Conselho da Faculdade de Filosofia da Universidade de Buenos Aires Adscrito Honorário de Sociologia e eleito membro correspondente da Academia Nacional de História do Equador. Discursa no Rio de Janeiro, em nome do sr. Samuel Ribeiro, doador do avião Taylor à campanha de Assis Chateaubriand. Publica-se em Buenos Aires (Comisión Revisora de Textos de Historia y Geografía Americana) a 1ª edição de *Casa-grande & senzala* em espanhol, com introdução de Ricardo Saenz Hayes. Publicam-se no Rio de Janeiro (José Olympio) o livro *Ingleses* e a 2ª edição de *Guia prático, histórico e sentimental da cidade do Recife*. A Casa do Estudante do Brasil divulga, em 2ª edição, a conferência Uma cultura ameaçada: a luso-brasileira, proferida no Gabinete Português de Leitura do Recife (1940).

1943   Visita a Bahia, a convite dos estudantes de todas as escolas superiores do estado, que lhe prestam excepcionais homenagens, às quais se associa quase toda a população de Salvador. Lê na Faculdade de Medicina da Bahia, a convite da União dos Estudantes Baianos, a conferência Em torno de uma classificação sociológica e no

Instituto Histórico da Bahia, por iniciativa da Faculdade de Filosofia do mesmo estado, a conferência A propósito da filosofia social e suas relações com a sociologia histórica (ambas incluídas, com os discursos proferidos nas homenagens recebidas na Bahia, no livro *Na Bahia em 1943*, que teve quase toda a sua tiragem apreendida, nas livrarias do Recife, pela Polícia do Estado de Pernambuco). Recusa, em carta altiva, o convite para ser catedrático de Sociologia da Universidade do Brasil. Inicia colaboração no *O Estado de S. Paulo* em 30 de setembro. Por intermédio do Itamaraty, recebe convite da Universidade de Harvard para ser seu professor, que também recusa. Publicam-se em Buenos Aires (Espasa-Calpe Argentina) as 1ªˢ edições, em espanhol, de *Nordeste* e de *Uma cultura ameaçada* e a 2ª, na mesma língua, de *Casa-grande & senzala*. Publicam-se no Rio de Janeiro (Casa do Estudante do Brasil) o livro *Problemas brasileiros de antropologia* e o opúsculo Continente e ilha (conferência lida, em Porto Alegre, no ano de 1940 e incluída na 2ª edição de *Problemas brasileiros de antropologia*). Publica-se também, no Rio de Janeiro (Livros de Portugal), uma edição de *As farpas*, de Ramalho Ortigão e Eça de Queirós, selecionadas e prefaciadas por ele, bem como a 4ª edição de *Casa-grande & senzala*, livro publicado a partir desse ano pelo editor José Olympio.

1944   Visita Alagoas e Paraíba, a convite de estudantes desses estados. Lê na Faculdade de Direito de Alagoas conferência sobre Ulysses Pernambucano, publicada no ano seguinte. Deixa de colaborar nos *Diários Associados* e em *La Nación*, em virtude da violação e do extravio constantes de sua correspondência. Em 9 de junho de 1944, comparece à Faculdade de Direito do Recife, a convite dos alunos dessa escola, para uma manifestação de regozijo em face da invasão da Europa pelos Exércitos Aliados. Lê em Fortaleza a conferência Precisa-se do Ceará. Segue para os Estados Unidos, onde profere, na Universidade do Estado de Indiana, seis conferências promovidas pela Fundação Patten e publicadas no ano seguinte, em Nova York, no livro *Brazil: an interpretation*. Publicam-se no Rio de Janeiro os livros *Perfil de Euclides e outros perfis* (José Olympio), *Na Bahia em 1943* (edição particular) e a 2ª edição do guia *Olinda*. A Casa do Estudante do Brasil publica, no Rio de Janeiro, o livro *Gilberto Freyre*, de Diogo Melo Menezes, com prefácio consagrador de Monteiro Lobato.

1945   Toma parte ativa, ao lado dos estudantes do Recife, na campanha pela candidatura do brigadeiro Eduardo Gomes à presidência da República. Fala em comícios, escreve artigos, anima os estudantes na luta contra a ditadura. No dia 3 de março, por ocasião do primeiro comício daquela campanha no Recife, começa a discursar, na sacada da redação do *Diário de Pernambuco*, quando tomba a seu lado, assassinado pela Polícia Civil do Estado, o estudante de Direito Demócrito de Sousa Filho. A UDN oferece, em sua representação na futura Assembleia Nacional Constituinte, um lugar aos estudantes do Recife, que preferem que seu representante seja o bravo escritor. A Polícia Civil do Estado de Pernambuco empastela e proíbe a circulação do *Diário de Pernambuco*, impedindo-o de noticiar a chacina em que morreram o estudante Demócrito e um popular. Com o jornal fechado, o retrato de Demócrito é inaugurado na redação, com memorável discurso de Gilberto Freyre: Quiseram matar o dia seguinte (cf. *Diário de Pernambuco*, 10 de abril de 1945). Em 9 de junho, comparece à Faculdade de Direito do Recife como orador oficial da sessão contra a ditadura. Publicam-se no Recife (União dos Estudantes de Pernambuco) o opúsculo de sua autoria em apoio à candidatura de Eduardo Gomes: *Uma campanha maior do que a da abolição*, e a conferência lida, no ano anterior, em Maceió: Ulysses. Publica-se em Fortaleza (edição do autor) a obra *Gilberto Freyre e alguns aspectos da antropossociologia no Brasil*, de autoria do médico Aderbal Sales. Publica-se em Nova York (Knopf) o livro *Brazil: an interpretation*. A editora mexicana Fondo de Cultura Económica publica *Interpretación del Brasil*, com orelhas escritas por Alfonso Reyes.

1946   Eleito deputado federal, segue para o Rio de Janeiro, a fim de participar nos trabalhos da Assembleia Constituinte. Em 17 de junho, profere discurso de críticas e sugestões ao projeto da Constituição, publicado em opúsculo: Discurso pronunciado na Assembleia Nacional Constituinte (incluído na 2ª edição do livro *Quase política*). Em 22 de junho lê no Teatro Municipal de São Paulo, a convite do Centro Acadêmico XI de Agosto, conferência publicada no mesmo ano pela referida organização estudantil Modernidade e modernismo na arte política (incluída, em 1965, no livro *6 conferências em busca de um leitor*). Em 16 de julho, na Faculdade de Direito de Belo Horizonte, a convite de seus alunos, apresenta conferência publicada no mesmo ano: Ordem, liberdade, mineiralidade (incluída, em 1965, no livro *6 conferências em busca de um leitor*). Em agosto inicia colaboração no *Diário Carioca*. Em 29 de agosto profere na Assembleia Constituinte outro discurso de crítica ao projeto da Constituição (incluído na 2ª edição do livro *Quase política*). Em novembro, a Comissão de Educação e Cultura da Câmara dos Deputados indica, com aplauso do escritor Jorge Amado, membro da Comissão, o nome de Gilberto Freyre para o Prêmio Nobel de Literatura de 1947, com o apoio de numerosos intelectuais brasileiros. Publica-se no Rio de Janeiro a 5ª edição de *Casa-grande & senzala* e em Nova York (Knopf) a edição do mesmo livro em inglês, *The masters and the slaves*.

1947 Apresenta à Mesa da Câmara dos Deputados, para ser dado como lido, discurso sobre o centenário de nascimento de Joaquim Nabuco, publicado no ano seguinte. Em 22 de maio, lê no auditório da Associação Brasileira de Imprensa, a convite da Sociedade dos Amigos da América, conferência sobre Walt Whitman, publicada no ano seguinte. Trabalha ativamente na Comissão de Educação e Cultura da Câmara dos Deputados. É convidado para representar o Brasil no 19º Congresso dos Pen Clubes Mundiais, reunido em Zurique. Publica-se em Londres a edição inglesa de *The masters and the slaves*, em Nova York, a 2ª impressão de *Brazil: an interpretation* e no Rio de Janeiro, a edição brasileira deste livro, em tradução de Olívio Montenegro: *Interpretação do Brasil* (José Olympio). Publica-se em Montevidéu a obra *Gilberto Freyre y la sociología brasileña*, de Eduardo J. Couture.

1948 A convite da Unesco, toma parte, em Paris, no conclave de oito notáveis cientistas e pensadores sociais (Gurvitch, Allport e Sullivan, entre eles), reunidos pela referida Organização das Nações Unidas por iniciativa do então diretor Julian Huxley para estudar as Tensões que afetam a compreensão internacional, trabalho em conjunto depois publicado em inglês e francês. Lê, no Ministério das Relações Exteriores, a convite do Instituto Brasileiro de Educação, Ciência e Cultura (Comissão Nacional da Unesco), conferência sobre o conclave de Paris. Repete na Escola de Comando do Estado-Maior do Exército a conferência lida no Ministério das Relações Exteriores. Inicia em 18 de setembro sua colaboração em *O Cruzeiro*. Em dezembro, profere na Câmara dos Deputados discurso justificando a criação do Instituto Joaquim Nabuco de Pesquisas Sociais, com sede no Recife (incluído na 2ª edição do livro *Quase política*). Lê no Museu de Arte de São Paulo duas conferências: uma sobre Emílio Cardoso Ayres e outra sobre d. Veridiana Prado. Apresenta mais uma conferência na Escola de Comando do Estado-Maior do Exército. Publicam-se no Rio de Janeiro (José Olympio) o livro *Ingleses no Brasil* e os opúsculos *O camarada Whitman* (incluído, em 1965, no livro *6 conferências em busca de um leitor*), *Joaquim Nabuco* (incluído, em 1966, na 2ª edição do livro *Quase política*) e *Guerra, paz e ciência* (este editado pelo Ministério das Relações Exteriores). Inicia sua colaboração no *Diário de Notícias*.

1949 Segue para os Estados Unidos, a fim de participar, na categoria de ministro, como delegado parlamentar do Brasil, na 4ª Conferência Internacional da Organização das Nações Unidas. Lê conferências na Universidade Católica da América (Washington, D.C.) e na Universidade de Virgínia. Profere, em 12 de abril, na Associação de Cultura Franco-Brasileira do Recife, conferência sobre Emílio Cardoso Ayres (apenas pequeno trecho foi publicado no *Bulletin* da Associação). Em 18 de agosto, apresenta na Faculdade de Direito do Recife conferência sobre Joaquim Nabuco, na sessão comemorativa do centenário de nascimento do estadista pernambucano (incluída no livro *Quase política*). Em 30 de agosto, profere na Câmara dos Deputados discurso de saudação ao Visconde Jowitt, presidente da Câmara dos Lordes do Reino Unido da Grã-Bretanha e Irlanda do Norte (incluído em *Quase política*). No mesmo dia, lê, no Instituto Histórico e Geográfico Brasileiro, conferência sobre Joaquim Nabuco. Publica-se, no Rio de Janeiro (José Olympio), a conferência apresentada no ano anterior, na Escola de Comando do Estado-Maior do Exército: *Nação e Exército* (incluída, em 1965, no livro *6 conferências em busca de um leitor*).

1950 Profere na Câmara dos Deputados, em 17 de janeiro, discurso sobre o pernambucano Joaquim Arcoverde, primeiro cardeal da América Latina, por ocasião da passagem do primeiro centenário de seu nascimento (incluído em *Quase política*). Apresenta na Câmara dos Deputados, em 5 de abril, discurso sobre o centenário de nascimento de José Vicente Meira de Vasconcelos, constituinte de 1891 (incluído em *Quase política*). Profere na Câmara dos Deputados, em 28 de abril, discurso de definição de atitude na vida pública (incluído em *Quase política*). Discursa na Câmara dos Deputados, em 2 de maio, sobre o centenário da morte de Bernardo Pereira de Vasconcelos (incluído em *Quase política*). Profere na Câmara dos Deputados, em 2 de junho, discurso contrário à emenda parlamentarista (incluído em *Quase política*). Apresenta na Câmara dos Deputados, em 26 de junho, discurso no qual transmite apelo que recebeu de três parlamentares ingleses, em favor de um governo supranacional (incluído em *Quase política*). Discursa na Câmara dos Deputados, em 8 de agosto, sobre o centenário de nascimento de José Mariano (incluído em *Quase política*). Profere no Parque 13 de Maio, do Recife, discurso em favor da candidatura do deputado João Cleofas de Oliveira ao governo do estado de Pernambuco (incluído na 2ª edição de *Quase política*). Em 11 de setembro inicia colaboração diária no *Jornal Pequeno*, do Recife, sob o título Linha de fogo, em prol da candidatura João Cleofas ao governo do estado de Pernambuco. Profere, em 8 de novembro, na Câmara dos Deputados, discurso de despedida por não ter sido reeleito para o período seguinte (incluído na 2ª edição de *Quase política*). Publica-se em Urbana (University of Illinois Press) a obra coletiva *Tensions that cause wars*, em Paris, em 1948, tendo como contribuição de Gilberto Freyre: Internationalizing social sciences. Publicam-se no Rio de Janeiro (José Olympio) a 1ª edição do livro *Quase política* e a 6ª de *Casa-grande & senzala*.

1951 Publicam-se no Rio de Janeiro (José Olympio) a seguinte edição de *Nordeste* e de *Sobrados e mucambos* (esta refundida e acrescida de cinco novos capítulos). A convite da Universidade de Londres, escreve, em inglês, estudo sobre a situação do professor no Brasil, publicado, no mesmo ano, pelo *Year book of education*. Publica-se em Lisboa (Livros do Brasil) a edição portuguesa de *Interpretação do Brasil*.

1952 Lê, na sala dos capelos da Universidade de Coimbra, em 24 de janeiro, conferência publicada, no mesmo ano, pela Coimbra Editora: Em torno de um novo conceito de tropicalismo. Publica-se em Ipswich (Inglaterra) o opúsculo editado pela revista *Progress* de Londres com o ensaio Human factors behind Brazilian development. Publica-se no Recife (Edições Região) o *Manifesto regionalista de 1926*. Publicam-se no Rio de Janeiro (Serviço de Documentação do Ministério da Educação e Cultura) o opúsculo *José de Alencar* (José Olympio) e a 7ª edição de *Casa-grande & senzala* em francês, organizada pelo professor Roger Bastide, com prefácio de Lucien Fèbvre: *Maîtres et esclaves* (volume 4 da Coleção La Croix du Sud, dirigida por Roger Caillois). Viaja a Portugal e às províncias ultramarinas. Em 16 de abril, inicia colaboração no *Diário Popular* de Lisboa e no *Jornal do Comércio* do Recife.

1953 Publicam-se no Rio de Janeiro (José Olympio) os livros *Aventura e rotina* (escritos durante a viagem a Portugal e às províncias luso-asiáticas, "à procura das constantes portuguesas de caráter e ação") e *Um brasileiro em terras portuguesas* (contendo conferências e discursos proferidos em Portugal e nas províncias ultramarinas, com extensa "Introdução a uma possível luso-tropicologia").

1954 Escolhido pela Comissão das Nações Unidas para o estudo da situação racial na união sul-africana como o antropólogo estrangeiro mais capacitado a opinar sobre essa situação, visita o referido país e apresenta à Assembleia Geral da ONU um estudo publicado pela organização nessa nação em: *Elimination des conflits et tensions entre les races*. Publica-se no Rio de Janeiro a 8ª edição de *Casa-grande & senzala*; no Recife (Edições Nordeste), o opúsculo Um estudo do prof. Aderbal Jurema e, em Milão (Fratelli Bocca), a 1ª edição, em italiano, de *Interpretazione del Brasile*. Em agosto é encenada no Teatro Santa Isabel a dramatização de *Casa-grande & senzala*, feita por José Carlos Cavalcanti Borges. O professor Moacir Borges de Albuquerque defende, em concurso para provimento efetivo de uma das cadeiras de português do Instituto de Educação de Pernambuco, tese sobre *Linguagem de Gilberto Freyre*.

1955 Lê, na sessão inaugural do 4º Congresso Brasileiro de Neurologia, Psiquiatria e Higiene Mental, conferência sobre Aspectos da moderna convergência médico-social e antropocultural (incluída na 2ª edição de *Problemas brasileiros de antropologia*). Em 15 de maio profere no encerramento do curso de treinamento de professores rurais de Pernambuco discurso publicado no ano seguinte. Comparece, como um dos quatro conferencistas principais (os outros foram o alemão Von Wreie, o inglês Ginsberg e o francês Davy) e na alta categoria de convidado especial, ao 3º Congresso Mundial de Sociologia, realizado em Amsterdã, no qual apresenta a comunicação, publicada em Louvain, no mesmo ano, pela Associação Internacional de Sociologia: *Morals and social change*. Para discutir *Casa-grande & senzala* e outras obras, ideias e métodos de Gilberto Freyre, reúnem-se em Cerisy-La-Salle os escritores e professores M. Simon, R. Bastide, G. Gurvitch, Leon Bourdon, Henri Gouhier, Jean Duvignaud, Tavares Bastos, Clara Mauraux, Nicolas Sombart e Mário Pinto de Andrade: talvez a maior homenagem já prestada na Europa a um intelectual brasileiro; os demais seminários de Cerisy foram dedicados a filósofos da história, como Toynbee e Heidegger. Publicam-se no Recife (Secretaria de Educação e Cultura) os opúsculos Sugestões para uma nova política no Brasil: a rurbana (incluído, em 1966, na 2ª edição de *Quase política*) e Em torno da situação do professor no Brasil; em Nova York (Knopf) a 2ª edição de *Casa-grande & senzala* em inglês: *The masters and the slaves*, e em Paris (Gallimard) a 1ª edição de *Nordeste* em francês: *Terres du sucre* (volume 14 da Coleção La Croix du Sud, dirigida por Roger Caillois).

1957   Lê, em 4 de agosto, na Escola de Belas Artes da Universidade Federal de Pernambuco, em solenidade comemorativa do 25º aniversário de fundação daquela instituição, conferência publicada no mesmo ano: Arte, ciência social e sociedade. Dirige, em outubro, curso sobre Sociologia da Arte na mesma escola. Colabora novamente no *Diário Popular* de Lisboa, atendendo a insistentes convites do seu diretor, Francisco da Cunha Leão. Publicam-se no Recife os opúsculos Palavras às professoras rurais do Nordeste (Secretaria de Educação e Cultura do Estado de Pernambuco) e Importância para o Brasil dos institutos de pesquisa científica (Instituto Joaquim Nabuco de Pesquisas Sociais); no Rio de Janeiro (José Olympio), a 2ª edição de *Sociologia*; no México (Editorial Cultural), o opúsculo A experiência portuguesa no trópico americano; em Lisboa (Livros do Brasil), a 1ª edição portuguesa de *Casa-grande & senzala* e a obra *Gilberto Freyre's "lusotropicalism"*, de autoria de Paul V. Shaw (Centro de Estudos Políticos Sociais da Junta de Investigações do Ultramar).

1958   Lê, no Fórum Roberto Simonsen, conferência publicada no mesmo ano pelo Centro e Federação das Indústrias do Estado de São Paulo: Sugestões em torno de uma nova orientação para as relações intranacionais no Brasil. Publicam-se em Lisboa (Centro de Estudos Políticos e Sociais da Junta de Investigações do Ultramar) o livro, com texto em português e inglês, *Integração portuguesa nos trópicos/Portuguese integration in the tropics*, e no Rio de Janeiro (José Olympio), a 9ª edição brasileira de *Casa-grande & senzala*.

1959   Lê, em abril, conferências no Instituto Joaquim Nabuco de Pesquisas Sociais, iniciando e concluindo cursos de Ciências Sociais promovidos pelo referido órgão. Em julho, apresenta na Faculdade de Direito da Universidade Federal de Minas Gerais conferência publicada pela mesma universidade, no ano seguinte. Publicam-se em Nova York (Knopf) *New world in the tropics*, cujo texto contém, grandemente expandido e praticamente reescrito, o livro (publicado em 1945 pelo mesmo editor) *Brazil: an interpretation*; na Guatemala (Editorial de Ministério de Educación Pública José de Pineda Ibarra), o opúsculo Em torno a algunas tendencias actuales de la antropología; no Recife (Arquivo Público do Estado de Pernambuco), o opúsculo A propósito de Mourão, Rosa e Pimenta: sugestões em torno de uma possível hispano-tropicalologia; no Rio de Janeiro (José Olympio), a 1ª edição do livro *Ordem e progresso* (terceiro volume da Série Introdução à história patriarcal no Brasil, iniciada com *Casa-grande & senzala*, continuada com *Sobrados e mucambos* e finalizada com *Jazigos e covas rasas*, livro nunca concluído) e *O velho Félix e suas memórias de um Cavalcanti* (2ª edição, ampliada, da introdução ao livro *Memórias de um Cavalcanti*, publicado em 1940); em Salvador (Universidade da Bahia), o livro *A propósito de frades* e o opúsculo Em torno de alguns túmulos afrocristãos de uma área africana contagiada pela cultura brasileira; e em São Paulo (Instituto Brasileiro de Filosofia), o ensaio A filosofia da história do Brasil na obra de Gilberto Freyre, de autoria de Miguel Reale.

1960   Viaja pela Europa, nos meses de agosto e setembro, lendo conferências em universidades francesas, alemãs, italianas e portuguesas. Publicam-se em Lisboa (Livros do Brasil) o livro *Brasis, Brasil e Brasília*; em Belo Horizonte (edições da *Revista Brasileira de Estudos Políticos*), a conferência Uma política transnacional de cultura para o Brasil de hoje; no Recife (Imprensa Universitária), o opúsculo Sugestões em torno do Museu de Antropologia do Instituto Joaquim Nabuco de Pesquisas Sociais, e no Rio de Janeiro (José Olympio), a 3ª edição do livro *Olinda*.

1961 Em 24 de fevereiro recebe em sua casa de Apipucos a visita do escritor norte-americano Arthur Schlesinger Junior, assessor e enviado especial do presidente John F. Kennedy. Em 20 de abril profere na Faculdade de Medicina da Universidade Federal de Pernambuco uma conferência sobre Homem, cultura e trópico, iniciando as atividades do Instituto de Antropologia Tropical, criado naquela faculdade por sugestão sua. Em 25 de abril é filmado e entrevistado em sua residência pela equipe de televisão e cinema do Columbia Broadcasting System. Em junho viaja aos Estados Unidos, onde faz conferência no Conselho Americano de Sociedades Científicas, no Centro de Corning, no Centro de Estudos de Santa Bárbara e nas Universidades de Princeton e Colúmbia. De volta ao Brasil, recebe, em agosto, a pedido da Comissão Educacional dos Estados Unidos da América no Brasil (Comissão Fulbright), para uma palestra informal sobre problemas brasileiros, os professores norte-americanos que participam do II Seminário de Verão promovido pela referida comissão. Em outubro, lê, no Instituto Joaquim Nabuco de Pesquisas Sociais, quatro conferências sobre sociologia da vida rural. Ainda em outubro e a convite dos corpos docente e discente da Escola de Engenharia da Universidade Federal de Pernambuco, lê na mesma escola três conferências sobre Três engenharias inter-relacionadas: a física, a social e a chamada humana. Viaja a São Paulo e lê, em 27 de outubro, no auditório da Academia Paulista de Letras, sob os auspícios do Instituto Hans Staden, conferência intitulada Como e porque sou sociólogo. Em 1º de novembro, apresenta, no auditório da ABI e sob os auspícios do Instituto Cultural Brasil-Alemanha, conferências sobre Harmonias e desarmonias na formação brasileira. Em dezembro, segue para a Europa, permanecendo três semanas na Alemanha Ocidental, para participar, como representante do Brasil, no encontro germano-hispânico de sociólogos. Publicam-se em Tóquio (Ministério da Agricultura do Japão, série de Guias para os emigrantes em países estrangeiros), a edição japonesa de *New world in the tropics*, intitulada *Nettai no shin sekai*; em Lisboa (Comissão Executiva das Comemorações do V Centenário da Morte do Infante Dom Henrique) em português, francês e inglês –, o livro *O luso e o trópico*, *Les Portugais et les tropiques* e *The portuguese and the tropics* (edições separadas); no Recife (Imprensa Universitária), a obra *Sugestões de um novo contato com universidades europeias*; no Rio de Janeiro (José Olympio), a 3ª edição brasileira de *Sobrados e mucambos* e a 10ª edição brasileira (11ª em língua portuguesa) de *Casa-grande & senzala*.

1962 Em fevereiro, a Escola de Samba de Mangueira desfila, no Carnaval do Rio de Janeiro, com enredo inspirado em *Casa-grande & senzala*. Em março é eleito presidente do Comitê de Pernambuco do Congresso Internacional para a Liberdade da Cultura. Em 10 de junho, lê, no Gabinete Português de Leitura do Rio de Janeiro, a convite da Federação das Associações Portuguesas do Brasil, conferência publicada, no mesmo ano, pela referida entidade: *O Brasil em face das Áfricas negras e mestiças*. Em agosto reúne-se em Porto Alegre o 1º Colóquio de Estudos Teuto-Brasileiros, organizado por sugestão sua. Ainda em agosto é admitido pelo presidente da República como comandante do Corpo de Graduação da Ordem do Mérito Militar. Por iniciativa do Banco Interamericano de Desenvolvimento, o professor Leopoldo Castedo profere em Washington, D.C., no curso Panorama da Civilização Ibero-Americana, conferência sobre La valorización del tropicalismo en Freyre. Em outubro, torna-se editor associado do *Journal of Interamerican Studies*. Em novembro, dirige na Faculdade de Letras da Universidade de Coimbra um curso de seis lições sobre Sociologia da História. Ainda na Europa, lê conferências em universidades da França, da Alemanha Ocidental e da Espanha. Em 19 de novembro recebe o grau de doutor *honoris causa* pela Faculdade de Letras de Coimbra. Publicam-se no Rio de Janeiro (José Olympio) os livros *Talvez poesia* e *Vida, forma e cor*, a 2ª edição de *Ordem e progresso* e a 3ª de *Sociologia*; em São Paulo (Livraria Martins Editora), o livro *Arte, ciência e trópico*; em Lisboa (Livros do Brasil), as edições portuguesas de *Aventura e rotina* e de *Um brasileiro em terras portuguesas*; no Rio de Janeiro (José Olympio), a obra coletiva *Gilberto Freyre: sua ciência, sua filosofia, sua arte (ensaios sobre o autor de Casa-grande & senzala e sua influência na moderna cultura do Brasil, comemorativos do 25º aniversário de publicação desse seu livro)*.

1963 Em 10 de junho, inaugura-se no Teatro Santa Isabel do Recife uma exposição sobre *Casa-grande & senzala*, organizada pelo colecionador Abelardo Rodrigues. Em 20 de agosto, o governo de Pernambuco promulga a Lei Estadual nº 4.666, de iniciativa do deputado Paulo Rangel Moreira, que autoriza a edição popular, pelo mesmo estado, de *Casa-grande & senzala*. Publicam-se em *The American Scholar*, Chapel Hill (United Chapters of Phi Beta Kappa e University of North Caroline), o ensaio On the Iberian concept of time; em Nova York (Knopf), a edição de *Sobrados e mucambos* em inglês, com introdução de Frank Tannenbaum: *The mansions and the shanties (the making of modern Brazil)*; em Washington, D.C. (Pan American Union), o livro *Brazil*; em Lisboa, a 2ª edição do opúsculo Americanism and latinity in Latin America (em inglês e francês); em Brasília (Editora Universidade de Brasília), a 12ª edição brasileira de *Casa-grande & senzala* (13ª edição em língua portuguesa) e no Recife (Imprensa Universitária), o livro *O escravo nos anúncios de jornais brasileiros do século XIX* (reedição muito ampliada da conferência lida, em 1935, na Sociedade Felipe d'Oliveira). O professor Thomas John O'Halloran apresenta à Graduate School of Arts and Science, da New York University, dissertação sobre *The life and master writings of Gilberto Freyre*. As editoras A. A. Knopf e Random House publicam em Nova York a 2ª edição (como livro de bolso) de *New world in the tropics*.

1964 A convite do governo do estado de Pernambuco, lê na Escola Normal do mesmo estado, em 13 de maio, conferência como orador oficial da solenidade comemorativa do centenário de fundação daquela Escola. Recebe em Natal, em julho, as homenagens da Fundação José Augusto pelo trigésimo aniversário da publicação de *Casa-grande & senzala*. Recebe, em setembro, o Prêmio Moinho Santista para Ciências Sociais. Viaja aos Estados Unidos e participa, em dezembro, como conferencista convidado, do seminário latino-americano promovido pela Universidade de Colúmbia. Publicam-se em Nova York (Knopf) uma edição abreviada (*paperback*) de *The masters and the slaves*; em Madri (separata da *Revista de la Universidad de Madrid*) o opúsculo De lo regional a lo universal en la interpretación de los complejos socioculturales; no Recife (Instituto Joaquim Nabuco de Pesquisas Sociais), em tradução de Waldemar Valente, a tese universitária de 1922 *Vida social no Brasil nos meados do século XIX* e o opúsculo (Imprensa Universitária) O estado de Pernambuco e expressão no poder nacional: aspectos de um assunto complexo; no Rio de Janeiro (José Olympio), a seminovela *Dona Sinhá e o filho padre*, o livro *Retalhos de jornais velhos* (2ª edição, consideravelmente ampliada, de *Artigos de jornal*), o opúsculo A Amazônia brasileira e uma possível luso-tropicologia (Superintendência do Plano de Valorização Econômica da Amazônia) e a 11ª edição brasileira de *Casa-grande & senzala*. Recusa convite do presidente Castelo Branco para ser ministro da Educação e Cultura.

1965 Viaja a Campina Grande, onde lê, em 15 de março, na Faculdade de Ciências Econômicas, a conferência (publicada no mesmo ano pela Universidade Federal da Paraíba) *Como e porque sou escritor*. Participa no Simpósio sobre Problemática da Universidade Federal de Pernambuco (março/abril), com uma conferência sobre a conveniência da introdução, na mesma universidade, de "Um novo tipo de seminário (Tannenbaum)". Viaja ao Rio de Janeiro, onde recebe, em cerimônia realizada no auditório de *O Globo*, diploma com o qual o referido jornal homenageou, no seu quadragésimo aniversário, a vida e a obra dos Notáveis do Brasil: brasileiros vivos que, "por seu talento e capacidade de trabalho de todas as formas invulgares, tenham tido uma decisiva participação nos rumos da vida brasileira, ao longo dos quarenta anos conjuntamente vividos". Em 9 de novembro, gradua-se, *in absentia*, doutor pela Universidade de Paris (Sorbonne), em solenidade na qual também foram homenageados outros sábios de categoria internacional, em diferentes campos do saber, sendo a consagração por obra que vinha abrindo "novos caminhos à filosofia e às ciências do homem". A consagração cultural pela Sorbonne juntou-se à recebida das Universidades da Colúmbia e de Coimbra e às quais se somaram as de Sussex (Inglaterra) e Münster (Alemanha), em solenidade prestigiada por nove magníficos reitores alemães. Publicam-se em Berlim (Kiepenheur & Witsch) a 1ª edição de *Casa-grande & senzala* em alemão: *Herrenhaus und sklavenhütte* (*ein bild der Brasilianischen gesellschaft*); no Recife (Imprensa Oficial do Estado de Pernambuco), o opúsculo Forças Armadas e outras forças, e no Rio de Janeiro (José Olympio), o livro *6 conferências em busca de um leitor*.

1966 Viaja ao Distrito Federal, a convite da Universidade de Brasília, onde lê, em agosto, seis conferências sobre Futurologia, assunto que foi o primeiro a desenvolver no Brasil. Por solicitação das Nações Unidas, apresenta ao United Nations Human Rights Seminar on Apartheid (realizado em Brasília, de 23 de agosto a 5 de setembro) um trabalho de base sobre Race mixture and cultural interpenetration: the Brazilian example, distribuído na mesma ocasião em inglês, francês, espanhol e russo. Por sugestão sua, inicia-se na Universidade Federal de Pernambuco o Seminário de Tropicologia, de caráter interdisciplinar e inspirado pelo seminário do mesmo tipo, iniciado na Universidade de Colúmbia pelo professor Frank Tannenbaum. Publicam-se em Barnet, Inglaterra, *The racial factor in contemporary politics*; no Rio de Janeiro (José Olympio), a 13ª edição do mesmo livro; e no Recife (governo do estado de Pernambuco), o primeiro tomo da 14ª edição brasileira (15ª em língua portuguesa) de *Casa-grande & senzala* (edição popular, para ser comercializada a preços acessíveis, de acordo com a Lei Estadual nº 4.666, de 20 de agosto de 1963).

1967 Em 30 de janeiro, lançamento solene, no Palácio do Governo do Estado de Pernambuco, do primeiro volume da edição popular de *Casa-grande & senzala*. Em julho, viaja aos Estados Unidos, para receber, no Instituto Aspen de Estudos Humanísticos, o Prêmio Aspen do ano (30 mil dólares e isento de imposto sobre a renda) "pelo que há de original, excepcional e de valor permanente em sua obra ao mesmo tempo de filósofo, escritor literário e antropólogo". Recebe o Nobel dos Estados Unidos na presença de embaixador, enviado especial do presidente Lyndon B. Johnson, que se congratula com Gilberto Freyre pela honraria na qual o autor foi precedido por apenas três notabilidades internacionais: o compositor Benjamin Britten, a dançarina Martha Graham e o urbanista Constantino Doxiadis por obras reveladoras de "criatividade genial". Em dezembro, lê, na Academia Brasileira de Letras, no Instituto Histórico e Geográfico Brasileiro e no Instituto Joaquim Nabuco de Pesquisas Sociais, conferências sobre Oliveira Lima, em sessões solenes comemorativas do centenário de nascimento daquele historiador (ampliadas no livro *Oliveira Lima, Dom Quixote gordo*). Publicam-se em Lisboa (Fundação Calouste Gulbenkian) o livro *Sociologia da medicina*; em Nova York (Knopf), a tradução da "seminovela" *Dona Sinhá e o filho padre*, intitulada *Mother and son: a Brazilian tale*; no Recife (Instituto Joaquim Nabuco de Pesquisas Sociais), a 2ª edição de *Mucambos do Nordeste* e a 3ª edição do *Manifesto Regionalista de 1926*; em São Paulo (Arquimedes Edições), o livro *O Recife, sim! Recife não!*, e no Rio de Janeiro (José Olympio), a 4ª edição de *Sociologia*.

1968 Em 9 de janeiro, lê, no Palácio do Governo do Estado de Pernambuco, a primeira da série de conferências promovidas pelo governador do estado para comemorar o centenário de nascimento de Oliveira Lima (incluída no livro *Oliveira Lima, Dom Quixote gordo*, publicado no mesmo ano pela Imprensa da Universidade de Recife). Viaja à Argentina, onde faz conferência sobre Oliveira Lima na Universidade do Rosário, e à Alemanha Ocidental, onde recebe o título de doutor *honoris causa* pela Universidade de Münster por sua obra comparada à de Balzac. Publicam-se em Lisboa (Academia Internacional da Cultura Portuguesa) o livro, em dois volumes, *Contribuição para uma sociologia da biografia (o exemplo de Luís de Albuquerque, governador de Mato Grosso no fim do século XVII)*; no Distrito Federal (Editora Universidade de Brasília), o livro *Como e porque sou e não sou sociólogo*, e no Rio de Janeiro (Record), as 2ªˢ edições dos livros *Região e tradição* e *Brasis, Brasil e Brasília*. Ainda no Rio de Janeiro, publicam-se (José Olympio) as 4ªˢ edições dos livros *Guia prático, histórico e sentimental da cidade do Recife* e *Olinda, 2º guia prático, histórico e sentimental de cidade brasileira*.

1969 Recebe o Prêmio Internacional de Literatura La Madonnina por "incomparável agudeza na descrição de problemas sociais, conferindo-lhes calor humano e otimismo, bondade e sabedoria", através de uma obra de "fulgurações geniais". Lê conferência, no Conselho Federal de Cultura, em sessão dedicada à memória de Rodrigo M. F. de Andrade. A Universidade Federal de Pernambuco lança os dois primeiros volumes do seminário de Tropicologia, relativos ao ano de 1966: *Trópico & colonização, nutrição, homem, religião, desenvolvimento, educação e cultura, trabalho e lazer, culinária, população*. Lê no Instituto Joaquim Nabuco de Pesquisas Sociais quatro conferências sobre Tipos antropológicos no romance brasileiro. Publicam-se no Recife (Instituto

Joaquim Nabuco de Pesquisas Sociais) o ensaio Sugestões em torno da ciência e da arte da pesquisa social, e no Rio de Janeiro (José Olympio), a 15ª edição brasileira de *Casa-grande & senzala*.

1970 Completa setenta anos de idade residindo na província e trabalhando como se fosse um intelectual ainda jovem: escrevendo livros, colaborando em jornais e revistas nacionais e estrangeiros, dirigindo cursos, proferindo conferências, presidindo o conselho diretor e incentivando as atividades do Instituto Joaquim Nabuco de Pesquisas Sociais, presidindo o Conselho Estadual de Cultura, dirigindo o Centro Regional de Pesquisas Educacionais e o Seminário de Tropicologia da Universidade Federal de Pernambuco, comparecendo às reuniões mensais do Conselho Federal de Cultura e atendendo a convites de universidades europeias e norte-americanas, onde é sempre recebido como o embaixador intelectual do Brasil. A editora A. A. Knopf publica em Nova York *Order and progress*, com texto traduzido e refundido por Rod W. Horton.

1971 Recebe a 26 de novembro, em solenidade no Gabinete Português de Leitura, do Recife, e tendo como paraninfo o ministro Mário Gibson Barbosa, o título de doutor *honoris causa* pela Universidade Federal de Pernambuco. Discursa como orador oficial da solenidade de inauguração, pelo presidente Emílio Garrastazu Médici, do Parque Nacional dos Guararapes, no Recife. A rainha Elizabeth lhe confere o título de *Sir* (Cavaleiro Comandante do Império Britânico) e a Universidade Federal do Rio de Janeiro, o grau de doutor *honoris causa* em filosofia. Publicam-se a 1ª edição da *Seleta para jovens* (José Olympio) e a obra *Nós e a Europa germânica* (Grifo Edições). Continua a receber visitas de estrangeiros ilustres na sua casa de Apipucos, devendo-se destacar as de embaixadores do Reino Unido, França, Estados Unidos, Bélgica e as de Aldous Huxley, George Gurvitch, Shelesky, John dos Passos, Jean Duvignaud, Lincoln Gordon e Robert Kennedy, a quem oferece jantar a pedido desse visitante. A Companhia Editora Nacional publica em São Paulo, como volume 348 de sua Coleção Brasiliana, a 1ª edição brasileira de *Novo mundo nos trópicos*.

1972 Preside o Primeiro Encontro Inter-Regional de Cientistas Sociais do Brasil, realizado em Fazenda Nova, Pernambuco, de 17 a 20 de janeiro, sob os auspícios do Instituto Joaquim Nabuco de Pesquisas Sociais. Recebe o título de Cidadão de Olinda, conferido por Lei Municipal nº 3.774, de 8 de março de 1972, e em sessão solene da Assembleia Legislativa do Estado de Pernambuco, a Medalha Joaquim Nabuco, conferida pela Resolução nº 871, de 28 de abril de 1972. Em 14 de junho profere no Instituto Joaquim Nabuco de Pesquisas Sociais palestra sobre José Bonifácio e as duas primeiras conferências da série comemorativa do centenário de Estácio Coimbra. Em 15 de dezembro, inaugura-se na Praia de Boa Viagem, no Recife, o Hotel Casa-grande & senzala. A editora Giulio Einaudi publica em Turim a edição italiana de *Casa-grande & senzala*, intitulada *Case e catatecchie*.

1973 Recebe em São Paulo o Troféu Novo Mundo, "por obras notáveis em sociologia e história", e o Troféu Diários Associados, pela "maior distinção anual em artes plásticas". Realizam-se exposições de telas de sua autoria, uma no Recife, outra no Rio, esta na residência do casal José Maria do Carmo Nabuco, com apresentação de Alfredo Arinos de Mello Franco. Por decreto do presidente Médici, é reconduzido ao Conselho Federal de Cultura. Viaja a Angola, em fevereiro. A 10 de maio, a convite da Assembleia Legislativa do Estado de Pernambuco, profere discurso no Cemitério de Santo Amaro, diante do túmulo de Joaquim Nabuco, em comemoração ao Sesquicentenário do Poder Legislativo no Brasil. Recebe em setembro, em João Pessoa, o título de doutor *honoris causa* pela Universidade Federal da Paraíba. Profere na Câmara dos Deputados, em 29 de novembro, conferência sobre Atuação do Parlamento no Império e na República, na série comemorativa do Sesquicentenário do Poder Legislativo no Brasil, e na Universidade de Brasília, palestra em inglês para o corpo diplomático, sob o título de Some remarks on how and why Brazil is different. Em 13 de dezembro é operado pelo professor Euríclides de Jesus Zerbini, no Hospital da Beneficência Portuguesa de São Paulo.

1974 Faz sua primeira exposição de pintura em São Paulo, com quarenta telas adquiridas imediatamente. A 15 de março, o Instituto Joaquim Nabuco de Pesquisas Sociais comemora com exposição e sessão solene os quarenta anos da publicação de *Casa-grande & senzala*. Em 20 de julho profere no Instituto Joaquim Nabuco de Pesquisas Sociais conferência sobre a Importância dos retratos para os estudantes biográficos: o caso de Joaquim Nabuco. A

29 de agosto, a Universidade Federal de Pernambuco inaugura no saguão da reitoria uma placa comemorativa dos quarenta anos de *Casa-grande & senzala*. A 12 de outubro recebe a Medalha de Ouro José Vasconcelos, outorgada pela Frente de Afirmación Hispanista do México, para distinguir, a cada ano, uma personalidade dos meios culturais hispano-americanos. O cineasta Geraldo Sarno realiza documentário de cinco minutos intitulado *Casa-grande & senzala*, de acordo com uma ideia de Aldous Huxley. O editor Alfred A. Knopf publica em Nova York a obra *The Gilberto Freyre reader*.

1975 Diante da violência de uma enchente do rio Capibaribe, em 17 e 18 de julho, lidera com Fernando de Mello Freyre, diretor do Instituto Joaquim Nabuco, um movimento de estudo interdisciplinar sobre as enchentes em Pernambuco. Profere, em 10 de outubro, conferência no Clube Atlético Paulistano sobre O Brasil como nação hispano-tropical. Recebe em 15 de outubro, do Sindicato dos Professores do Ensino Primário e Secundário de Pernambuco e da Associação dos Professores do Ensino Oficial, o título de Educador do Ano, por relevantes serviços prestados à comunidade nordestina no campo da educação e da pesquisa social. Profere em 7 de novembro, no Teatro Santa Isabel, do Recife, conferência sobre o Sesquicentenário do *Diário de Pernambuco*. O Instituto do Açúcar e do Álcool lança, em 15 de novembro, o Prêmio de Criatividade Gilberto Freyre, para os melhores ensaios sobre aspectos socioeconômicos da zona canavieira do Nordeste. Publicam-se no Rio de Janeiro suas obras *Tempo morto e outros tempos, O brasileiro entre os outros hispanos* (José Olympio) e *Presença do açúcar na formação brasileira* (IAA).

1976 Viaja à Europa em setembro, fazendo conferências em Madri (Instituto de Cultura Hispânica) e em Londres (Conselho Britânico). É homenageado com a esposa, em Londres, com banquete pelo embaixador Roberto Campos e esposa (presentes vários dos seus amigos ingleses, como Lord Asa Briggs). Em Paris, como hóspede do governo francês, é entrevistado pelo sociólogo Jean Duvignaud, na rádio e na televisão francesas, sobre Tendências atuais da cultura brasileira. É homenageado com banquete pelo diretor de *Le Figaro*, seu amigo, escritor e membro da Academia Francesa, Jean d'Ormesson, presentes Roger Caillois e outros intelectuais franceses. Em Viena, identifica mapas inéditos do Brasil no período holandês, existentes na Biblioteca Nacional da Áustria. Na Espanha, como hóspede do governo, realiza palestra no Instituto de Cultura Hispânica, presidido pelo Duque de Cadis. Em Lisboa é homenageado com banquete pelo secretário de estado de Cultura, com a presença de intelectuais, ministros e diplomatas. Em 7 de outubro, lê em Brasília, a convite do ministro da Previdência Social, conferência de encerramento do Seminário sobre Problemas de Idosos. A Livraria José Olympio Editora publica as 16ª e 17ª edições de *Casa-grande & senzala*, e o IJNPS, a 6ª edição do *Manifesto regionalista*. É lançada em Lisboa 2ª edição portuguesa de *Casa-grande & senzala*.

1977 Estreia em janeiro no Nosso Teatro (Recife) a peça *Sobrados e mucambos*, adaptada por Hermilo Borba Filho e encenada pelo Grupo Teatral Vivencial. Recebe em fevereiro, do embaixador Michel Legendre, a faixa e as insígnias de Comendador das Artes e Letras da França. Profere em março, no Seminário de Tropicologia, conferência sobre O Recife eurotropical e, na Câmara dos Deputados, em Brasília, conferência de encerramento do ciclo comemorativo do Bicentenário da Independência dos Estados Unidos. Exibição, na Biblioteca Municipal Mário de Andrade, em São Paulo, de um documentário cinematográfico sobre sua vida e obra, *Da palavra ao desenho da palavra*, com debates dos quais participam Freitas Marcondes, Leo Gilson Ribeiro, Osmar Pimentel e Egon Schaden. Profere conferências na Câmara dos Deputados, em Brasília, em 19 de agosto, sobre A terra, o homem e a educação, no Seminário sobre Ensino Superior, promovido pela Comissão de Educação e Cultura, e no Teatro José de Alencar de Fortaleza, em 24 de setembro, sobre O Nordeste visto através do tempo. Lançamento em São Paulo, em 10 de novembro, do álbum *Casas-grandes & senzalas*, com guaches de Cícero Dias. Apresenta, no Arquivo Público Estadual de Pernambuco, conferência de encerramento do Curso sobre o Sesquicentenário da Elevação do Recife à Condição de Capital, sobre O Recife e a sua autobiografia coletiva. É acolhido como sócio honorário do Pen Clube do Brasil. Inicia em outubro colaboração semanal na *Folha de S.Paulo*. A Livraria José Olympio Editora publica *O outro amor do dr. Paulo*, seminovela, continuação de *Dona Sinhá e o filho padre*. A Editora Nova Aguilar publica, em dezembro, a *Obra escolhida*, volume em papel-bíblia que inclui *Casa-grande & senzala*, *Nordeste* e *Novo mundo nos trópicos*, com introdução de Antônio Carlos Villaça, cronologia da vida e da obra e bibliografia ativa e passiva, por Edson Nery da Fonseca. A Editora Ayacucho lança em Caracas a 3ª edição em espanhol de *Casa-grande & senzala*, com introdução de Darcy Ribeiro. As Ediciones Cultura Hispánica publicam em Madri a edição espanhola da *Seleta para jovens*, com o título de *Antología*. A Editora Espasa-Calpe publica, em Madri, *Más allá de lo moderno*, com prefácio de Julián Marías. A Livraria José Olympio Editora lança a 5ª edição de *Sobrados e mucambos* e a 18ª edição brasileira de *Casa-grande & senzala*.

1978 Viaja a Caracas para proferir três conferências no Instituto de Assuntos Internacionais do Ministério das Relações Exteriores da Venezuela. Abre no Arquivo Público Estadual, em 30 de março, ciclo de conferências sobre escravidão e abolição em Pernambuco, fazendo Novas considerações sobre escravos em anúncios de jornal em Pernambuco. Profere conferência sobre O Recife e sua ligação com estudos antropológicos no Brasil, na instalação da XI Reunião Brasileira de Antropologia, no auditório da Universidade Federal de Pernambuco, em 7 de maio. Em 22 de maio, abre em Natal a I Semana de Cultura do Nordeste. Profere em Curitiba, em 9 de junho, conferência sobre O Brasil em nova perspectiva antropossocial, numa promoção da Associação dos Professores Universitários do Paraná; em Cuiabá, em 16 de setembro, conferência sobre A dimensão ecológica do caráter nacional; na Academia Paulista de Letras, em 4 de dezembro, conferência sobre Tropicologia e realidade social, abrindo o 1º Seminário Internacional de Estudos Tropicais da Fundação Escola de Sociologia e Política. Publica-se *Recife & Olinda*, com desenhos de Tom Maia e Thereza Regina. Publicam-se as seguintes obras: *Alhos e bugalhos* (Nova Fronteira); *Prefácios desgarrados* (Cátedra); *Arte e ferro* (Ranulpho Editora de Arte), com pranchas de Lula Cardoso Ayres. O Conselho Federal de Cultura lança *Cartas do próprio punho sobre pessoas e coisas do Brasil e do estrangeiro*. A editora Gallimard publica a 14ª edição de *Maîtres et esclaves*, na Coleção TEL. A Livraria Editora José Olympio publica a 19ª edição brasileira de *Casa-grande & senzala*, e a Fundação Cultural do Mato Grosso, a 2ª edição de *Introdução a uma sociologia da biografia*.

1979 O Arquivo Estadual de Pernambuco publica, em março, a edição fac-similar do *Livro do Nordeste*. Participa, no auditório da Biblioteca Municipal de São Paulo, em 30 de março, da Semana do Escritor Brasileiro. Recebe em Aracaju, em 17 de abril, o título de Cidadão Sergipano, outorgado pela Assembleia Legislativa de Sergipe. É homenageado pelo 44º Congresso Mundial de Escritores do Pen Clube Internacional, reunido no Rio de Janeiro, quando recebe a medalha Euclides da Cunha, sendo saudado pelo escritor Mário Vargas Llosa. Recebe o grau de doutor *honoris causa* pela Faculdade de Ciências Médicas da Fundação do Ensino Superior de Pernambuco Universidade de Pernambuco, em setembro. Viaja à Europa em outubro. Profere conferência na Fundação Calouste Gulbenkian, em 22 de outubro, sobre Onde o Brasil começou a ser o que é. Abre o ciclo de conferências comemorativo do 20º aniversário da Sudene, em dezembro, falando sobre Aspectos sociais do desenvolvimento regional. Recebe nesse mês o Prêmio Caixa Econômica Federal, da Fundação Cultural do Distrito Federal, pela obra *Oh de casa!*. Profere na Universidade de Brasília conferência sobre Joaquim Nabuco: um novo tipo de político. A Editora Artenova publica *Oh de casa!*. A Editora Cultrix publica *Heróis e vilões no romance brasileiro*. A MPM Propaganda publica *Pessoas, coisas & animais*, em edição não comercial. A Editora Ibrasa publica *Tempo de aprendiz*.

1980 Em 24 de janeiro, a Academia Pernambucana de Letras inicia as comemorações do octogésimo aniversário do autor, com uma conferência de Gilberto Osório de Andrade sobre Gilberto Freyre e o trópico. Em 25 de janeiro, a Codepe inicia seu Seminário Permanente de Desenvolvimento, dedicando-o ao estudo da obra de Gilberto Freyre. O Arquivo Público Estadual comemora a efeméride, em 26 e 27 de fevereiro, com duas conferências de Edson Nery da Fonseca. Recebe em São Paulo, em 7 de março, a medalha de Ordem do Ipiranga, maior condecoração do estado. Em 26 de março, recebe a medalha José Mariano, da Câmara Municipal do Recife. Por decreto de 15 de abril, o governador do estado de Sergipe lhe confere o galardão de Comendador da Ordem do Mérito Aperipê.

Em homenagem ao autor, são realizados diversos eventos, como: missa cantada na Catedral de São Pedro dos Clérigos, do Recife, mandada celebrar pelo governo do estado de Pernambuco, sendo oficiante monsenhor Severino Nogueira e regente o padre Jayme Diniz. Inauguração, na redação do *Diário de Pernambuco*, de placa comemorativa da colaboração de Gilberto Freyre, iniciada em 1918. Almoço na residência de Fernando Freyre. *Open house* na vivenda Santo Antônio. Sorteio de bilhete da Loteria Federal da Praça de Apipucos. Desfile de clubes e blocos carnavalescos e concentração popular em Apipucos. Sessão solene do Congresso Nacional, em 15 de abril, às 15 horas, para homenagear o escritor Gilberto Freyre pelo transcurso do seu octogésimo aniversário. Discursos do presidente, senador Luís Viana Filho, dos senadores Aderbal Jurema e Marcos Freire e do deputado Thales Ramalho. Viaja a Portugal em junho, a convite da Câmara Municipal de Lisboa, para participar nas comemorações do Quarto Centenário da Morte de Camões. Profere conferência A tradição camoniana ante insurgências e ressurgências atuais. É homenageado, em 6 de julho, durante a 32ª Reunião Anual da Sociedade Brasileira para o Progresso da Ciência, realizada no Rio de Janeiro, e em 25 de julho, pelo XII Congresso Brasileiro de Língua e Literatura, promovido pelas universidades estaduais do Rio de Janeiro e Universidade Federal do Rio de Janeiro. Em 11 de agosto, recebe do embaixador Hansjorg Kastl a Grã-Cruz do Mérito da República Federativa da Alemanha. Ainda em agosto, é homenageado pelo IV Seminário Paraibano de Cultura Brasileira. Recebe o título de Cidadão Benemérito de João Pessoa, outorgado pela Câmara Municipal da capital paraibana. Recebe o título do sócio honorário do Instituto Histórico e Geográfico da Paraíba. Em 2 de setembro, é homenageado pelo Pen Clube do Brasil com um painel sobre suas ideias, no auditório do Palácio da Cultura, no Rio de Janeiro. Encenação, no Teatro São Pedro de São Paulo, da peça de José Carlos Cavalcanti Borges *Casa-grande & senzala*, sob a direção de Miroel Silveira, pelo grupo teatral da Escola de Comunicação e Artes da USP. Em 10 de outubro, apresenta conferência da Fundação Luisa e Oscar Americano, de São Paulo, sobre Imperialismo cultural do Conde Maurício. De 13 a 17 de outubro, profere simpósio internacional promovido pela Universidade de Brasília e pelo Ministério da Educação e Cultura, com a participação, como conferencistas, do historiador social inglês Lord Asa Briggs, do filósofo espanhol Julián Marías, do poeta e ensaísta português David Mourão-Ferreira, do antropólogo francês Jean Duvignaud e do historiador mexicano Silvio Zavala. Recebe o Prêmio Jabuti, de São Paulo, em 28 de outubro. Recebe, em 11 de dezembro, o grau de doutor *honoris causa* pela Universidade Católica de Pernambuco. Em 12 de dezembro, recebe o Prêmio Moinho Recife. São publicadas diversas obras do autor, como: o álbum *Gilberto poeta: algumas confissões*, com serigrafias de Aldemir Martins, Jenner Augusto, Lula Cardoso Ayres, Reynaldo Fonseca e Wellington Virgolino e posfácio de José Paulo Moreira da Fonseca (Ranulpho Editora de Arte); *Poesia reunida* (Edições Pirata, Recife); 20ª edição brasileira de *Casa-grande & senzala*, com prefácio do ministro Eduardo Portella; 5ª edição de *Olinda*; 3ª edição da *Seleta para jovens*; 2ª edição brasileira de *Aventura e rotina* (todas pela José Olympio); e a 2ª edição de *O escravo nos anúncios de jornais brasileiros do século XIX* (Companhia Editora Nacional). A editora Greenwood Press, de Westport, Conn., publica, sem autorização do autor, a reimpressão de *New world in the tropics*.

1981 A Classe de Letras da Academia de Ciências de Lisboa reúne-se, em fevereiro, para a comunicação do escritor David Mourão-Ferreira sobre Gilberto Freyre, criador literário. Encenação, em março, no Teatro Santa Isabel, da peça-balé de Rubens Rocha Filho *Tempos perdidos, nossos tempos*. Em 25 de março, o autor recebe do embaixador Jean Beliard a *rosette* de Oficial da Legião de Honra. Inauguração de seu retrato, em 21 de abril, no Museu do Trem da Superintendência Regional da Rede Ferroviária Federal. Em 29 de abril, o Conselho Municipal de Cultura lança, no Palácio do Governo, um álbum de desenhos de sua autoria. Inauguração, em 7 de maio, no Museu Nacional da Quinta da Boa Vista, da edição quadrinizada de *Casa-grande & senzala*, numa promoção da Universidade Federal do Rio de Janeiro, Museu Nacional e Editora Brasil-América. Profere conferência, em 15 de maio, no auditório Benício Dias da Fundação Joaquim Nabuco, sobre Atualidade de Lima Barreto. Viaja à Espanha, em outubro, para tomar posse no Conselho Superior do Instituto de Cooperação Ibero-Americana, nomeado pelo rei João Carlos I.

1982 Recebe em janeiro a medalha comemorativa dos trinta anos do Conselho Nacional de Desenvolvimento Científico e Tecnológico (CNPq). Profere na Academia Pernambucana de Letras a conferência Luís Jardim Autodidata?, comemorativa do octogésimo aniversário do pintor e escritor pernambucano. Na abertura do III Congresso Afro-Brasileiro, em 20 de setembro, apresenta conferência no Teatro Santa Isabel. Em setembro, é entrevistado pela Rede Bandeirantes de Televisão, no programa *Canal Livre*. Recebe do embaixador Javier Vallaure, na Embaixada da Espanha em Brasília, a Grã-Cruz de Alfonso, El Sabio (outubro), e no auditório do Palácio da Cultura, em 9 de novembro, profere conferência sobre Villa-Lobos revisitado. Profere no Nacional Club de São Paulo, em 11 de novembro, conferência sobre Brasil: entre passados úteis e futuros renovados. A Editora Massangana publica *Rurbanização: o que é?* A editora Klett-Cotta, de Stuttgart, publica a 1ª edição alemã de *Das land in der stadt: die entwicklung der urbanen gesellschaft Brasiliens* (*Sobrados e mucambos*) e a 2ª edição de *Herrenhaus und sklavenhütte* (*Casa-grande & senzala*).

1983 Iniciam-se em 21 de março Dia Internacional das Nações Unidas Contra a Discriminação Racial as comemorações do cinquentenário da publicação de *Casa-grande & senzala*, com sessão solene no auditório Benício Dias, presidida pelo governador Roberto Magalhães e com a presença da ministra da Educação, Esther de Figueiredo Ferraz, e do diretor-geral da Unesco, Amadou M'Bow, que lhe entrega a medalha Homenagem da Unesco. Recebe em 15 de abril, da Associação Brasileira de Relações Públicas, Seção de Pernambuco, o Troféu Integração por destaque cultural de 1982. Em abril, expõe seus últimos desenhos e pinturas na Galeria Aloísio Magalhães. Viaja a Lisboa, em 25 de outubro, para receber, do ministro dos Negócios Estrangeiros, a Grã-Cruz de Santiago da Espada. Em 27 de outubro, participa de sessão solene da Academia de Ciências de Lisboa e da Academia Portuguesa de História, comemorativa do cinquentenário da publicação de *Casa-grande & senzala*. A Fundação Calouste Gulbenkian promove em Lisboa um ciclo de conferências sobre *Casa-grande & senzala* (2 de novembro a 4 de dezembro). É homenageado pela Feira Internacional do Livro do Rio de Janeiro, em 9 de novembro. O Seminário de Tropicologia reúne-se, em 29 de novembro, para a conferência de Edson Nery da Fonseca, intitulada Gilberto Freyre, cultura e trópico. Recebe em 7 de dezembro, no Liceu Literário Português do Rio de Janeiro, a Grã-Cruz da Ordem Camoniana. A Editora Massangana publica *Apipucos: que há num nome?*, a Editora Globo lança *Insurgências e ressurgências atuais* e *Médicos, doentes e contextos sociais* (2ª edição de *Sociologia da medicina*). Realiza-se na Fundação Joaquim Nabuco, de 19 a 30 de setembro, um ciclo de conferências comemorativo dos cinquenta anos de *Casa-grande & senzala*, promovido com apoio do governo do estado e de outras entidades pernambucanas (anais editados por Edson Nery da Fonseca e publicados em 1985 pela Editora Massangana: *Novas perspectivas em Casa-grande & senzala*). A José Olympio Editora publica no Rio de Janeiro o livro de Edilberto Coutinho *A imaginação do real: uma leitura da ficção de Gilberto Freyre*, tese de doutoramento defendida na Universidade Federal do Rio de Janeiro. A Editora Record lança no Rio de Janeiro *Homens, engenharias e rumos sociais*.

1984 Lançamento, em 20 de janeiro, de selo postal comemorativo do cinquentenário de *Casa-grande & senzala*. Viaja a Salvador, em 14 de março, para receber homenagem do governo do estado pelo cinquentenário de *Casa-grande & senzala*. Inauguração, no Museu de Arte Moderna da Bahia, da exposição itinerante sobre a obra. Conferência de Edson Nery da Fonseca sobre Gilberto Freyre, *Casa-grande & senzala* e a Bahia. Convidado pelo governador Tancredo Neves, profere em Ouro Preto, em 21 de abril, o discurso oficial da Semana da Inconfidência. Profere em 8 de maio, na antiga Reitoria da UFRJ, conferência sobre Alfonso X, o sábio, ponte de culturas. Recebe da União Cultural Brasil-Estados Unidos, em 7 de junho, a medalha de merecimento por serviços relevantes prestados à aproximação entre o Brasil e os Estados Unidos. Convidado pelo Conselho da Comunidade Portuguesa do Estado de São Paulo, lê no Clube Atlético Paulistano, em 8 de junho (Dia de Portugal), a conferência Camões: vocação de antropólogo moderno?, publicada no mesmo ano pelo conselho. Em setembro, o Balé Studio Um realiza no Recife o espetáculo de dança *Casa-grande & senzala*, sob a direção de Eduardo Gomes e com música de Egberto Gismonti. Recebe a Medalha Picasso da Unesco, desenhada por Juan Miró em comemoração do centenário do pintor espanhol. Em setembro, é homenageado por Richard Civita no Hotel 4 Rodas de Olinda, com banquete presidido pelo governador Roberto Magalhães e entrega de passaportes para o casal se hospedar em qualquer hotel da rede. Participa, na Arquidiocese do Rio de Janeiro, em outubro, do Congresso Internacional de Antropologia e Práxis, debatedor do tema *Cultura e redenção*, desenvolvido por D. Paul Poupard. É homenageado no Teatro Santa Isabel do Recife, em 31 de novembro, pelo cinquentenário do 1º Congresso Afro-Brasileiro, ali realizado em 1934. Lê no Museu de Arte Sacra de Pernambuco (Olinda) a conferência Cultura e museus, publicada no ano seguinte pela Fundação do Patrimônio Histórico e Artístico de Pernambuco (Fundarpe).

1985 Recebe da Fundarpe a Homenagem à Cultura Viva de Pernambuco, em 18 de março. Viaja em maio aos Estados Unidos, para receber, na Baylor University, o prêmio consagrador de notáveis triunfos (Distinguished Achievement Award). Profere em 21 de maio, na Harvard University, conferência sobre My first contacts with american intellectual life, promovida pelo Departamento de Línguas e Literaturas Românicas e pela Comissão de Estudos Latino-Americanos e Ibéricos. Realiza exposição na Galeria Metropolitana Aloísio Magalhães do Recife: Desenhos a cor: figuras humanas e paisagens. Recebe, em agosto, o grau de doutor *honoris causa* em Direito e em Letras pela Universidade Clássica de Lisboa. É nomeado em setembro, pelo presidente da República, para compor a Comissão de Estudos Constitucionais. Recebe o título de Cidadão de Manaus, em 6 de setembro. Profere, em 29 de outubro, conferência na inauguração do Instituto Brasileiro de Altos Estudos (Ibrae) de São Paulo, subordinada ao título À beira do século XX. Em 20 de novembro, é apresentado, no Cine Bajado, de Olinda, o filme de Kátia Mesel *Oh de casa!*. Em dezembro viaja a São Paulo, sendo hospitalizado no Incor para cirurgia de um divertículo de Zenkel (hérnia de esôfago). A José Olympio Editora publica a 7ª edição de *Sobrados e mucambos* e a 5ª edição de *Nordeste*. Por iniciativa do Centro de Estudos Latino-Americanos da Universidade da Califórnia em Los Angeles, a editora da universidade publica em Berkeley reedições em brochuras do mesmo formato de *The masters and the slaves, The mansions and the shanties* e *Order and progress*, com introduções de David H. E. Mayburt-Lewis e Ludwig Lauerhass Jr., respectivamente.

1986 Em janeiro, submete-se a uma cirurgia do esôfago para retirada de um divertículo de Zenkel, no Incor. Regressa ao Recife em 16 de janeiro, dizendo: "Agora estou em casa, meu Apipucos". Em 22 de fevereiro, retorna a São Paulo para uma cirurgia de próstata no Incor, realizada em 24 de fevereiro. Recebe em 24 de abril, em sua residência de Apipucos, do embaixador Bernard Dorin, a comenda de Grande Oficial da Legião de Honra, no grau de Cavaleiro. Em maio, é agraciado com o Prêmio Cavalo-Marinho, da Empitur. Em agosto, recebe o título de Cidadão de Aracaju. Em 24 de outubro, reencontra-se no Recife com a dançarina Katherine Dunhm. Em 28 de outubro é eleito para ocupar a cadeira 23 da Academia Pernambucana de Letras, vaga com a morte de Gilberto Osório de Andrade. Toma posse em 11 de dezembro na Academia Pernambucana de Letras. Recebe, em 16 de dezembro, o título de Pesquisador Emérito do Instituto de Pesquisas Sociais da Fundação Joaquim Nabuco. Publica-se em Budapeste a edição húngara de *Casa-grande & senzala*, intitulada *Udvarbáz és szolgaszállás*. A professora Élide Rugai Bastos defende na Pontifícia Universidade Católica de São Paulo (PUC) a tese de doutoramento *Gilberto Freyre e a formação da sociedade brasileira*, orientada pelo professor Octavio Ianni. A Áries Editora publica em São Paulo o livro de Pietro Maria Bardi *Ex-votos de Mário Cravo*, e a Editora Creficullo lança o livro do mesmo autor *40 anos de Masp*, ambos prefaciados por Gilberto Freyre.

1987 Instituição, em 11 de março, da Fundação Gilberto Freyre. Em 30 de março, recebe em Apipucos a visita do presidente Mário Soares. Em 7 de abril, submete-se a uma cirurgia para implantação de marca-passo no Incor do Hospital Português. Em 18 de abril, Sábado Santo, recebe de Dom Basílio Penido, OSB, os sacramentos da Reconciliação, da Eucaristia e da Unção dos Enfermos. Morre no Hospital Português, às 4 horas de 18 de julho, aniversário de Magdalena. Sepultamento no Cemitério de Santo Amaro, às 18 horas, com discurso do ministro Marcos Freire. Em 20 de julho, o senador Afonso Arinos ocupa a tribuna da Assembleia Nacional Constituinte para homenagear sua memória. Em 19 de julho, o jornal *ABC de Madri* publica um artigo de Julián Marías: Adiós a um brasileño universal. Em 24 de julho, missas concelebradas, no Recife, por Dom José Cardoso Sobrinho e Dom Heber Vieira da Costa, OSB, e em Brasília, por Dom Hildebrando de Melo e pelos vigários da catedral e do

Palácio da Alvorada com coral da Universidade de Brasília. Missa celebrada no seminário, com canto gregoriano a cargo das Beneditinas de Santa Gertrudes, de Olinda. A Editora Record publica *Modos de homem e modas de mulher* e a 2ª edição de *Vida, forma e cor; Assombrações do Recife Velho* e *Perfil de Euclides e outros perfis*; a José Olympio Editora, a 25ª edição brasileira de *Casa-grande & senzala*. O Círculo do Livro lança nova edição de *Dona Sinhá e o filho padre*, e a Editora Massangana publica *Pernambucanidade consagrada* (discursos de Gilberto Freyre e Waldemar Lopes na Academia Pernambucana de Letras). Ciclo de conferências promovido pela Fundação Joaquim Nabuco em memória de Gilberto Freyre, tendo como conferencistas Julián Marías, Adriano Moreira, Maria do Carmo Tavares de Miranda e José Antônio Gonsalves de Mello (convidado, deixou de vir, por motivo de doença, o antropólogo Jean Duvignaud). Ciclo de conferências promovido em Maceió pelo governo do estado de Alagoas, a cargo de Maria do Carmo Tavares de Miranda, Odilon Ribeiro Coutinho e José Antônio Gonsalves de Mello. Homenagem do Conselho Latino-Americano de Ciências Sociais, na abertura de sua XIV Assembleia Geral, realizada no Recife, de 16 a 21 de novembro. A editora mexicana Fondo de Cultura Económica publica a 2ª edição, como livro de bolso, de *Interpretación del Brasil*. A revista *Ciência e Cultura* publica em seu número de setembro o necrológio de Gilberto Freyre, solicitado por Maria Isaura Pereira de Queiroz a Edson Nery da Fonseca.

1988 Em convênio com a Fundação Gilberto Freyre e sob os auspícios do Grupo Gerdau, a Editora Record publica no Rio de Janeiro a obra póstuma *Ferro e civilização no Brasil*.

1989 Em sua 26ª edição, *Casa-grande & senzala* passa a ser publicada pela Editora Record, até a 46ª edição, em 2002.

1990 A Fundação das Artes e a Empresa Gráfica da Bahia publicam em Salvador *Bahia e baianos*, obra póstuma organizada e prefaciada por Edson Nery da Fonseca. A editora Klett-Cotta lança em Stuttgart a 2ª edição alemã de *Sobrados e mucambos* (*Das land in der Stadt*). Realiza-se na Fundação Joaquim Nabuco o seminário O cotidiano em Gilberto Freyre, organizado por Fátima Quintas (anais publicados no mesmo ano pela Editora Massangana).

1994 A Câmara dos Deputados publica, como volume 39 de sua Coleção Perfis Parlamentares, *Discursos parlamentares*, de Gilberto Freyre, texto organizado, anotado e prefaciado por Vamireh Chacon. A Editora Agir publica no Rio de Janeiro a antologia *Gilberto Freyre*, organizada por Edilberto Coutinho como volume 117 da Coleção Nossos Clássicos, dirigida por Pedro Lyra. A Editora 34 publica no Rio de Janeiro a tese de doutoramento de Ricardo Benzaquen de Araújo *Guerra e paz:* Casa-grande & senzala *e a obra de Gilberto Freyre nos anos 30*.

1995 Realiza-se na Fundação Joaquim Nabuco a semana de estudos comemorativos dos 95 anos de Gilberto Freyre, com conferências reunidas e apresentadas por Fátima Quintas na obra coletiva *A obra em tempos vários* (*Editora Massangana*), publicada em 1999. A Fundação de Cultura da Cidade do Recife e a Imprensa Universitária da Universidade Federal de Pernambuco publicam no Recife *Novas conferências em busca de leitores*, obra póstuma organizada e prefaciada por Edson Nery da Fonseca. A Editora Massangana publica o livro de Sebastião Vila Nova *Sociologias e pós-sociologia em Gilberto Freyre*.

1996 Realiza-se na Fundação Joaquim Nabuco o simpósio Que somos nós?, organizado por Maria do Carmo Tavares de Miranda em comemoração aos sessenta anos de *Sobrados e mucambos* (anais publicados pela Editora Massangana em 2000).

1997 Comemorando seu septuagésimo quinto aniversário, a revista norte-americana *Foreign Affairs* publica o resultado de um inquérito destinado à escolha de 62 obras "que fizeram a cabeça do mundo a partir de 1922". *Casa-grande & senzala* é apontada como uma delas pelo professor Kenneth Maxwell. A Companhia das Letras publica em São Paulo a 4ª edição de *Açúcar*, livro reimpresso em 2002 por iniciativa da Usina Petribu.

1999 Por iniciativa da Fundação Oriente, da Universidade da Beira Interior e da Sociedade de Geografia de Lisboa, iniciam-se em Portugal as comemorações do centenário de nascimento de Gilberto Freyre, com o colóquio realizado na Sociedade de Geografia de Lisboa, de 11 e 12 de fevereiro, Lusotropicalismo revisitado, sob a direção dos professores Adriano Moreira e José Carlos Venâncio. A Fundação Oriente institui um prêmio anual de 1 milhão de escudos para "galardoar trabalhos de investigação na área da perspectiva gilbertiana sobre o Oriente". As comemorações pernambucanas são iniciadas em 14 de março, com missa solene concelebrada na Basílica do Mosteiro de São Bento de Olinda, com canto gregoriano pelas Beneditinas Missionárias da Academia Santa Gertrudes. Pelo Decreto nº 21.403, de 7 de maio, o governador de Pernambuco declara, no âmbito estadual, Ano Gilberto Freyre 2000. Pelo Decreto de 13 de julho, o presidente da República institui o ano 2000 como Ano Gilberto Freyre. A UniverCidade do Rio de Janeiro institui, por sugestão da editora Topbooks, o prêmio de 20 mil dólares para o melhor ensaio sobre Gilberto Freyre.

2000 Por iniciativa da TV Cultura de São Paulo, são elaborados os filmes *Gilbertianas I* e *II*, dirigidos pelo cineasta Ricardo Miranda com a colaboração do antropólogo Raul Lody. Em 13 de março, ocorre o lançamento nacional da produção, numa promoção do Shopping Center Recife/UCI Cinemas/Weston Táxi Aéreo. Em 21 de março são lançados na sala Calouste Gulbenkian da Fundação Joaquim Nabuco, no Núcleo de Estudos Freyrianos, no governo do estado de Pernambuco, na Sudene e no Ministério da Cultura. Por iniciativa do canal GNT, VideoFilmes e Regina Filmes, o cineasta Nelson Pereira dos Santos dirige quatro documentários intitulados genericamente de *Casa-grande & senzala*, tendo Edson Nery da Fonseca como corroteirista e narrador. Filmados no Brasil, em Portugal e na Universidade de Colúmbia em Nova York, o primeiro, *O Cabral moderno*, exibido pelo canal GNT a partir de 21 de abril. Os demais, *A cunhã: mãe da família brasileira*, *O português: colonizador dos trópicos* e *O escravo na vida sexual e de família do brasileiro*, são exibidos pelo mesmo canal, a partir de 2001. As editoras Letras e Expressões e Abregraph publicam a 2ª edição de *Casa-grande & senzala em quadrinhos*, com ilustrações de Ivan Wasth Rodrigues colorizadas por Noguchi. A editora Topbooks lança a 2ª edição brasileira de *Novo mundo nos trópicos*, prefaciada por Wilson Martins. A revista *Novos Estudos Cebrap*, n. 56, publica o dossiê Leituras de Gilberto Freyre, com apresentação de Ricardo Benzaquen de Araújo, incluindo as introduções de Fernand Braudel à edição italiana de *Casa-grande & senzala*, de Lucien Fèbvre à edição francesa, de Antonio Sérgio a *O mundo que o português criou* e de Frank Tannenbaum à edição norte-americana de *Sobrados e mucambos*. Em 15 de março, realiza-se na Maison de Sciences de l'Homme et de la Science o colóquio Gilberto Freyre e a França, organizado pela professora Ria Lemaire, da Universidade de Poitiers. Nesse mesmo dia, o arcebispo de Olinda e Recife, José Cardoso, celebra missa solene na Igreja de São Pedro dos Clérigos, com cantos do coral da Academia Pernambucana de Música. Na tarde de 15 de março, é apresentada, na sala Calouste Gulbenkian, em projeção de VHF, a Biblioteca Virtual Gilberto Freyre, disponível imediatamente na internet. De 21 a 24 de março realiza-se na Fundação Gilberto Freyre o Seminário Internacional Novo Mundo nos Trópicos (anais publicados com título homônimo). De 28 a 31 de março é apresentado no Centro Cultural Banco do Brasil do Rio de Janeiro o ciclo de palestras A propósito de Gilberto Freyre (não reunidas em livro). De 14 a 16 de agosto realiza-se o seminário Gilberto Freyre: patrimônio brasileiro, promovido conjuntamente pela Fundação Roberto Marinho, pela UniverCidade do Rio de Janeiro, pelo Colégio do Brasil, pela Academia Brasileira de Letras, pela *Folha de S.Paulo* e pelo Instituto de Estudos Avançados da USP. Iniciado no auditório da Academia Brasileira de Letras e num dos *campi* da UniverCidade, é concluído no auditório da *Folha de S.Paulo* e na cidade universitária da USP. Em 18 de outubro, realiza-se no anfiteatro da História da USP o seminário multidisciplinar Relendo Gilberto Freyre, organizado pelo Centro Angel Rama da Faculdade de Filosofia, Letras e Ciências Humanas na mesma universidade. Em 20 de outubro realiza-se na embaixada do Brasil em Paris o seminário Gilberto Freyre e as ciências sociais no Brasil, promovido pelo Ministério das Relações Exteriores e Fundação Gilberto Freyre. Em 30 de outubro realiza-se em Buenos Aires o seminário À la busqueda de la identidad: el ensayo de interpretación nacional en Brasil y Argentina. De 6 a 9 de novembro é realizada no Sun Valley Park Hotel, em Marília (SP), a Jornada de Estudos Gilberto Freyre, organizada pela Faculdade de Filosofia e Ciências da Unesp. Em 21 de novembro, na Universidade de Essex, ocorre o seminário *The english in Brazil:* a study in cultural encounters, dirigido pela professora Maria Lúcia Pallares-Burke. Em 27 de novembro, realiza-se na Universidade de Cambridge o seminário Gilberto Freyre & história social do

Brasil, dirigido pelos professores Peter Burke e Maria Lúcia Pallares-Burke. De 27 a 30 de novembro, acontece no Centro de Ciências Humanas, Letras e Artes da Universidade Federal da Paraíba o simpósio Gilberto Freyre: interpenetração do Brasil, organizado pela professora Elisalva Madruga Dantas e pelo poeta e multiartista Jomard Muniz de Brito (anais com título homônimo publicados pela editora Universitária em 2002). De 28 a 30 de novembro, ocorre na sala Calouste Gulbenkian da Fundação Joaquim Nabuco o seminário internacional Além do apenas moderno. De 5 a 7 de dezembro é apresentado no auditório João Alfredo da Universidade Federal de Pernambuco o seminário Outros Gilbertos, organizado pelo Laboratório de Estudos Avançados de Cultura Contemporânea do Departamento de Antropologia da mesma universidade. Publica-se em São Paulo, pelo Grupo Editorial Cone Sul, o ensaio de Gustavo Henrique Tuna *Gilberto Freyre: entre tradição & ruptura*, premiado na categoria "ensaio" do 3º Festival Universitário de Literatura, organizado pela Xerox do Brasil e pela revista *Livro Aberto*. Por iniciativa do deputado Aldo Rebelo a Câmara dos Deputados reúne no opúsculo Gilberto Freyre e a formação do Brasil, prefaciado por Luís Fernandes, ensaios do próprio deputado, de Otto Maria Carpeaux e de Regina Maria A. F. Gadelha. A Editora Comunigraf publica no Recife o livro de Mário Hélio *O Brasil de Gilberto Freyre: uma introdução à leitura de sua obra*, com ilustrações de José Cláudio e prefácio de Edson Nery da Fonseca. A Editora Casa Amarela publica em São Paulo a 2ª edição do ensaio de Gilberto Felisberto Vasconcellos *O xará de Apipucos*. A Embaixada do Brasil em Bogotá publica o opúsculo Imagens, com texto e ilustrações selecionadas por Nora Ronderos.

2001 A Companhia das Letras publica em São Paulo a 2ª edição de *Interpretação do Brasil*, organizada e prefaciada por Omar Ribeiro Thomaz (nº 19 da Coleção Retratos do Brasil). A editora Topbooks publica no Rio de Janeiro a obra coletiva *O imperador das ideias: Gilberto Freyre em questão*, organizada pelos professores Joaquim Falcão e Rosa Maria Barboza de Araújo, reunindo conferências do seminário realizado no Rio de Janeiro e em São Paulo de 14 a 17 de agosto de 2000. A editora Topbooks e a UniverCidade publicam no Rio de Janeiro a 2ª edição de *Além do apenas moderno*, prefaciada por José Guilherme Merquior e as 3ªˢ edições de *Aventura e rotina*, prefaciada por Alberto da Costa e Silva, e de *Ingleses no Brasil*, prefaciada por Evaldo Cabral de Mello. A Editora da Universidade do Estado de Pernambuco publica, como nº 18 de sua Coleção Nordestina, o livro póstumo *Antecipações*, organizado e prefaciado por Edson Nery da Fonseca. A Editora Garamond publica no Rio de Janeiro o livro de Helena Bocayuva *Erotismo à brasileira: o excesso sexual na obra de Gilberto Freyre*, prefaciado pelo professor Luiz Antonio de Castro Santos. O *Diário Oficial da União* de 28 de dezembro de 2001 publica, à página 6, a Lei nº 10.361, de 27 de dezembro de 2001, que confere o nome de Aeroporto Internacional Gilberto Freyre ao Aeroporto Internacional dos Guararapes do Recife. O Projeto de Lei é de autoria do deputado José Chaves (PMDB-PE).

2002 Publica-se no Rio de Janeiro, em coedição da Fundação Biblioteca Nacional e Zé Mário Editor, o livro de Edson Nery da Fonseca *Gilberto Freyre de A a Z*. É lançada em Paris, sob os auspícios da ONG da Unesco Allca XX e como volume 55 da Coleção Archives, a edição crítica de *Casa-grande & senzala*, organizada por Guillermo Giucci, Enrique Rodríguez Larreta e Edson Nery da Fonseca.

2003 O governo instalado no Brasil em 1º de janeiro extingue, sem nenhuma explicação, o Seminário de Tropicologia criado em 1966 pela Universidade Federal de Pernambuco, por sugestão de Gilberto Freyre, e incorporado em 1980 à estrutura da Fundação Joaquim Nabuco. Gustavo Henrique Tuna defende, no Departamento de História do Instituto de Filosofia e Ciências Humanas da Unicamp, a dissertação de mestrado *Viagens e viajantes em Gilberto Freyre*. A Editora da Universidade de Brasília publica, em coedição com a Imprensa Oficial do Estado de São Paulo, as seguintes obras póstumas, organizadas por Edson Nery da Fonseca: *Palavras repatriadas* (prefácio e notas do organizador); *Americanidade e latinidade da América Latina e outros textos afins*, *Três histórias mais ou menos inventadas* (com prefácio e posfácio de César Leal) e *China tropical*. A Global Editora publica a 47ª edição de *Casa-grande & senzala* (com apresentação de Fernando Henrique Cardoso). No mesmo ano, lança a 48ª edição da obra-mestra de Freyre. A mesma editora publica a 14ª edição de *Sobrados e mucambos* (com apresentação de Roberto DaMatta).

Publica-se pela Edusc, Editora Unesp e Fapesp o livro *Gilberto Freyre em quatro tempos* (organização de Ethel Volfzon Kosminsky, Claude Lépine e Fernanda Arêas Peixoto), reunindo comunicações apresentadas na Jornada de Estudos Gilberto Freyre, realizada em Marília (SP), em 2000. É lançado pela Edusc, Editora Sumaré e Anpocs o livro de Élide Rugai Bastos *Gilberto Freyre e o pensamento hispânico: entre Dom Quixote e Alonso El Bueno.*

2004 A Global Editora publica a 6ª edição de *Ordem e progresso* (apresentação de Nicolau Sevcenko), a 7ª edição de *Nordeste* (com apresentação de Manoel Correia de Oliveira Andrade), a 15ª edição de *Sobrados e mucambos* e a 49ª edição de *Casa-grande & senzala*. Em conjunto com a Fundação Gilberto Freyre, a editora lança o Concurso Nacional de Ensaios Prêmio Gilberto Freyre 2004/2005, destinado a premiar e a publicar ensaio que aborde "qualquer dos aspectos relevantes da obra do escritor Gilberto Freyre".

2005 Em 15 de março é premiado o trabalho de Élide Rugai Bastos intitulado *As criaturas de Prometeu: Gilberto Freyre e a formação da sociedade brasileira,* vencedor do Concurso Nacional de Ensaios Prêmio Gilberto Freyre 2004/2005, promovido pela Fundação Gilberto Freyre e pela Global Editora. Esta publica a 50ª edição (edição comemorativa) de *Casa-grande & senzala*, em capa dura. Em agosto, o grupo de teatro Os Fofos Encenam, sob a direção de Newton Moreno, estreia a peça *Assombrações do Recife Velho*, adaptação da obra homônima de Gilberto Freyre, no Casarão do Belvedere, situado no bairro Bela Vista, em São Paulo. Em 18 de outubro, na Livraria Cultura do Shopping Villa-Lobos, em São Paulo, é lançado *Gilberto Freyre: um vitoriano dos trópicos*, de Maria Lúcia Pallares-Burke, pela Editora Unesp, em mesa-redonda com a participação dos professores Antonio Dimas, José de Souza Martins, Élide Rugai Bastos e a autora do livro. A Global Editora publica a 3ª edição de *Casa-grande & senzala em quadrinhos*, com ilustrações de Ivan Wasth Rodrigues colorizadas por Noguchi.

2006 Realiza-se em 15 de março na 19ª Bienal Internacional do Livro de São Paulo, sediada no Pavilhão de Exposições do Anhembi, no salão A-Mezanino, a mesa de debate sobre os setenta anos de *Sobrados e mucambos*, de Gilberto Freyre, com a presença dos professores Roberto DaMatta, Élide Rugai Bastos, Enrique Rodríguez Larreta e mediação de Gustavo Henrique Tuna. No evento, é lançado o 2º Concurso Nacional de Ensaios Prêmio Gilberto Freyre 2006/2007, organizado pela Global Editora e pela Fundação Gilberto Freyre, que aborda qualquer aspecto referente à obra *Sobrados e mucambos*. A Global Editora publica a 2ª edição, revista, de *Tempo morto e outros tempos*, prefaciada por Maria Lúcia Garcia Pallares-Burke. Realiza-se no auditório do Instituto de Filosofia e Ciências Humanas da Unicamp, nos dias 25 e 26 de abril, o Simpósio Gilberto Freyre: produção, circulação e efeitos sociais de suas ideias, com a presença de inúmeros estudiosos do Brasil e do exterior da obra do sociólogo pernambucano.

A Global Editora publica *As criaturas de Prometeu: Gilberto Freyre e a formação da sociedade brasileira*, de Élide Rugai Bastos, trabalho vencedor da 1ª edição do Concurso Nacional de Ensaios Prêmio Gilberto Freyre 2004/2005, promovido pela editora e pela Fundação Gilberto Freyre.

2007 Publicam-se em São Paulo, pela Global Editora: a 5ª edição do livro *Açúcar*, apresentada por Maria Lecticia Monteiro Cavalcanti; a 5ª edição revista, atualizada e aumentada por Antonio Paulo Rezende do livro *Guia prático, histórico e sentimental da cidade do Recife*; a 6ª edição revista e atualizada por Edson Nery da Fonseca do livro *Olinda: 2º guia prático, histórico e sentimental de cidade brasileira*. Publica-se no Rio de Janeiro, pela Civilização Brasileira, o primeiro volume da obra *Gilberto Freyre, uma biografia cultural*, dos pesquisadores uruguaios Enrique Rodríguez Larreta e Guillermo Giucci, em tradução de Josely Vianna Baptista. Publica-se no Recife, pela Editora Massangana, o livro de Edson Nery da Fonseca *Em torno de Gilberto Freyre*.

2008 O Museu da Língua Portuguesa de São Paulo encerra em 4 de maio a exposição, iniciada em 27 de novembro de 2007, *Gilberto Freyre intérprete do Brasil*, sob a curadoria de Élide Rugai Bastos, Júlia Peregrino e Pedro Karp Vasquez. Publicam-se em São Paulo, pela Global Editora: a 4ª edição revista do livro *Vida social no Brasil nos meados do século XIX*, com apresentação e índices de Gustavo Henrique Tuna; e a 6ª edição do livro *Assombrações do Recife Velho*, com apresentação de Newton Moreno, autor da adaptação teatral representada com sucesso em São Paulo. O editor Peter Lang de Oxford publica o livro de Peter Burke e Maria Lúcia Pallares-Burke

Gilberto Freyre: social theory in the tropics, versão de *Gilberto Freyre, um vitoriano nos trópicos*, publicado em 2005 pela Editora Unesp, que em 2006 recebeu os Prêmios Senador José Ermírio de Moraes da ABL (Academia Brasileira de letras) e Jabuti, na categoria Ciências Humanas.

A Global Editora publica *Ensaio sobre o jardim*, de Solange de Aragão, trabalho vencedor da 2ª edição do Concurso Nacional de Ensaios Prêmio Gilberto Freyre 2006/2007, promovido pela editora e pela Fundação Gilberto Freyre.

2009 A Global Editora publica a 2ª edição de *Modos de homem & modas de mulher* com texto de apresentação de Mary Del Priore. A É Realizações Editora publica em São Paulo a 6ª edição do livro *Sociologia: introdução ao estudo dos seus princípios*, com prefácio de Simone Meucci e posfácio de Vamireh Chacon, e a 4ª edição de *Sociologia da medicina*, com prefácio de José Miguel Rasia. O Diário de Pernambuco edita a obra *Crônicas do cotidiano: a vida cultural de Pernambuco nos artigos de Gilberto Freyre*, antologia organizada por Carolina Leão e Lydia Barros. A Editora Unesp publica, em tradução de Fernanda Veríssimo, o livro de Peter Burke e Maria Lúcia Pallares-Burke *Repensando os trópicos: um retrato intelectual de Gilberto Freyre*, com prefácio à edição brasileira.

2010 Publica-se pela Global Editora o livro *Nordeste semita: ensaio sobre um certo Nordeste que em Gilberto Freyre também é semita*, de autoria de Caesar Sobreira, trabalho vencedor da 3ª edição do Concurso Nacional de Ensaios Prêmio Gilberto Freyre 2008/2009, promovido pela editora e pela Fundação Gilberto Freyre. A Global Editora publica a 4ª edição de *O escravo nos anúncios de jornais brasileiros do século XIX*, com apresentação de Alberto da Costa e Silva. A É Realizações publica a 4ª edição de *Aventura e rotina*, a 2ª edição de *Homens, engenharias e rumos sociais*, as 2ªˢ edições de *O luso e o trópico*, *O mundo que o português criou*, *Uma cultura ameaçada e outros ensaios* (versão ampliada de *Uma cultura ameaçada: a luso-brasileira*), *Um brasileiro em terras portuguesas* (a 1ª edição publicada no Brasil) e a 3ª edição de *Vida, forma e cor*. A Editora Girafa publica *Em torno de Joaquim Nabuco*, reunião de textos que Gilberto Freyre escreveu sobre o abolicionista organizada por Edson Nery da Fonseca com colaboração de Jamille Cabral Pereira Barbosa. Gilberto Freyre é o autor homenageado da 10ª edição da Feira Nacional do Livro de Ribeirão Preto, realizada entre os dias 14 e 18 de junho. É também o autor homenageado da 8ª edição da Festa Literária Internacional de Paraty (Flip), ocorrida na cidade carioca entre os dias 4 e 8 de agosto. Para a homenagem, foram organizadas mesas com convidados nacionais e do exterior. A conferência de abertura, em 4 de agosto, é lida pelo ex-presidente Fernando Henrique Cardoso e debatida pelo historiador Luiz Felipe de Alencastro; no dia 5 realiza-se a mesa Ao correr da pena, com Moacyr Scliar, Ricardo Benzaquen e Edson Nery da Fonseca, com mediação de Ángel Gurría-Quintana; no dia 6 ocorre a mesa Além da casa-grande, com Alberto da Costa e Silva, Maria Lúcia Pallares-Burke e Ângela Alonso, com mediação de Lilia Schwarcz; no dia 8 realiza-se a mesa Gilberto Freyre e o século XXI, com José de Souza Martins, Peter Burke e Hermano Vianna, com mediação de Benjamim Moser. É lançado na Flip o tão esperado inédito de Gilberto Freyre *De menino a homem*, espécie de livro de memórias do pernambucano, pela Global Editora. A edição, feita com capa dura, traz um rico caderno iconográfico, conta com texto de apresentação de Fátima Quintas e notas de Gustavo Henrique Tuna. O lançamento do tão aguardado relato autobiográfico até então inédito de Gilberto Freyre realiza-se na noite de 5 de agosto, na Casa da Cultura de Paraty, ocasião em que o ator Dan Stulbach lê trechos da obra para o público presente. O Instituto Moreira Salles publica uma edição especial para a Flip de sua revista *Serrote*, com poemas de Gilberto Freyre comentados por Eucanaã Ferraz. A Funarte publica o volume 5 da Coleção Pensamento Crítico, intitulado *Gilberto Freyre, uma coletânea de escritos do sociólogo pernambucano sobre arte*, organizado por Clarissa Diniz e Gleyce Heitor.

2011 Realiza-se entre os dias 31 de março e 1º de abril na Universidade Lusófona, em Lisboa, o colóquio Identidades, hibridismos e tropicalismos: leituras pós-coloniais de Gilberto Freyre, com a participação de importantes intelectuais portugueses como Diogo Ramada Curto, Pedro Cardim, António Manuel Hespanha, Cláudia Castelo, entre outros. A Global Editora publica *Perfil de Euclides e outros perfis*, com texto de apresentação de Walnice

Nogueira Galvão. O livro *De menino a homem* é escolhido vencedor na categoria Biografia da 53ª edição do Prêmio Jabuti. A cerimônia de entrega do prêmio ocorre em 30 de novembro na Sala São Paulo, na capital paulista. A 7ª edição da Festa Literária Internacional de Pernambuco (Fliporto), realizada entre os dias 11 e 15 de novembro na Praça do Carmo, em Olinda, tem Gilberto Freyre como autor homenageado, com mesas dedicadas a discutir a obra do sociólogo. Participam das mesas no Congresso Literário da Fliporto intelectuais como Edson Nery da Fonseca, Fátima Quintas, Raul Lody, João Cezar de Castro Rocha, Vamireh Chacon, José Carlos Venâncio, Valéria Torres da Costa e Silva, Maria Lecticia Cavalcanti, entre outros. Dentro da programação da Feira, a Global Editora lança os livros *China tropical*, com texto de apresentação de Vamireh Chacon, e *O outro Brasil que vem aí*, publicação voltada para o público infantil que traz o poema de Gilberto Freyre ilustrado por Dave Santana. No mesmo evento, é lançado pela Editora Cassará o livro *O grande sedutor: escritos sobre Gilberto Freyre de 1945 até hoje*, reunião de vários textos de Edson Nery da Fonseca a respeito da obra do sociólogo. Publica-se pela Editora Unesp o livro *Um estilo de história A viagem, a memória e o ensaio: sobre Casa-grande & senzala e a representação do passado*, de autoria de Fernando Nicolazzi, originado da tese vencedora do Prêmio Manoel Luiz Salgado Guimarães de teses de doutorado na área de História promovido no ano anterior pela Anpuh.

2012 A edição de março da revista do Sesc de São Paulo publica um perfil de Gilberto Freyre. A Global Editora publica a 2ª edição de *Talvez poesia*, com texto de apresentação de Lêdo Ivo e dois poemas inéditos: "Francisquinha" e "Atelier". Pela mesma editora, publica-se a 2ª edição do livro *As melhores frases de Casa-grande & senzala: a obra-prima de Gilberto Freyre*, organizado por Fátima Quintas. Publica-se pela Topbooks o livro *Caminhos do açúcar*, de Raul Lody, que reúne temas abordados pelos trabalhos do sociólogo pernambucano. A Editora Unesp publica o livro *O triunfo do fracasso: Rüdiger Bilden, o amigo esquecido de Gilberto Freyre*, de Maria Lúcia Pallares-Burke, com texto de orelha de José de Souza Martins. A Fundação Gilberto Freyre promove em sua sede, em 10 de dezembro, o debate "A alimentação na obra de Gilberto Freyre, com presença de Maria Lecticia Monteiro Cavalcanti, pesquisadora em assuntos gastronômicos.

2013 Publica-se pela Fundação Gilberto Freyre o livro *Gilberto Freyre e as aventuras do paladar*, de autoria de Maria Lecticia Monteiro Cavalcanti. Vanessa Carnielo Ramos defende, no Departamento de História do Instituto de Ciências Humanas e Sociais da Universidade Federal de Ouro Preto, a dissertação de mestrado *À margem do texto: estudo dos prefácios e notas de rodapé de Casa-grande & senzala*. A Global Editora e a Fundação Gilberto Freyre abrem as inscrições para o 5º Concurso Nacional de Ensaios Prêmio Gilberto Freyre 2013/2014, que tem como tema Família, mulher e criança. Em 4 de outubro, inaugura-se no Centro Cultural dos Correios, no Recife, a exposição Recife: Freyre em frames, com fotografias de Max Levay Reis e cocuradoria de Raul Lody, baseada em textos do livro *Guia prático, histórico e sentimental da cidade do Recife*, de Gilberto Freyre. Publica-se pela Global Editora uma edição comemorativa de *Casa-grande & senzala*, por ocasião dos oitenta anos de publicação do livro, completados no mês de dezembro. Feita em capa dura, a edição traz nova capa com foto do Engenho Poço Comprido, localizado no município pernambucano de Vicência, de autoria de Fabio Knoll, e novo caderno iconográfico, contendo imagens relativas à história da obra-mestra de Gilberto Freyre e fortuna crítica. Da tiragem da referida edição, foram separados e numerados 2013 exemplares pela editora.

2014 Nos dias 4 e 5 de fevereiro, no auditório Manuel Correia de Andrade do Centro de Filosofia e Ciências Humanas da Universidade Federal de Pernambuco, realiza-se o evento Gilberto Freyre: vida e obra em comemoração aos 15 anos da criação da Cátedra Gilberto Freyre, contemplando palestras, mesas-redondas e distribuição de brindes. No dia 23 de maio, em evento da Festa Literária Internacional das UPPs (FLUPP) realizado no Centro Cultural da Juventude, sediado na capital paulista, o historiador Marcos Alvito profere aula sobre Gilberto Freyre. Entre os dias 12 e 15 de agosto, no auditório do Instituto Ricardo Brennand, no Recife, Maria Lúcia Pallares-Burke ministra o VIII Curso de Extensão Para ler Gilberto Freyre. Realiza-se em 11 de novembro no Empório Eça de Queiroz, na Madalena, o lançamento do livro *Caipirinha: espírito, sabor e cor do Brasil*, de Jairo Martins da

Silva. A publicação bilíngue (português e inglês), além de ser prefaciada por Gilberto Freyre Neto, traz capítulo dedicado ao sociólogo pernambucano intitulado "Batidas: a drincologia do mestre Gilberto Freyre".

2015 Publica-se pela Global Editora a 3ª edição de *Interpretação do Brasil*, com introdução e notas de Omar Ribeiro Thomaz e apresentação de Eduardo Portella. Publica-se pela editora Appris, de Curitiba, o livro *Artesania da Sociologia no Brasil: contribuições e interpretações de Gilberto Freyre*, de autoria de Simone Meucci. Pela Edusp, publica-se a obra coletiva *Gilberto Freyre: novas leituras do outro lado do Atlântico*, organizada por Marcos Cardão e Cláudia Castelo. Marcando os 90 anos da publicação do *Livro do Nordeste*, realiza-se em 2 de setembro na I Feira Nordestina do Livro, no Centro de Convenções de Pernambuco, em Olinda, um debate com a presença de Mário Hélio e Zuleide Duarte. Sob o selo Luminária Academia, da Editora Multifoco, publica-se *O jornalista Gilberto Freyre: a fusão entre literatura e imprensa*, de Suellen Napoleão.

2016 A Global Editora e a Fundação Gilberto Freyre abrem as inscrições para o 6º Concurso Nacional de Ensaios Prêmio Gilberto Freyre 2016/2017. Realiza-se entre 22 de março e 8 de maio no Recife, na Caixa Cultural, a exposição inédita "Vida, forma e cor", abordando a produção visual de Gilberto Freyre e explorando sua relação com importantes artistas brasileiros do século XX. Na sequência, a mostra segue para São Paulo, ocupando, entre os dias 21 de maio e 10 de julho, um dos andares da Caixa Cultural, na Praça da Sé. Em 14 de abril, Luciana Cavalcanti Mendes defende a dissertação de mestrado *Diários fotográficos de bicicleta em Pernambuco: os irmãos Ulysses e Gilberto Freyre na documentação de cidades na década de 1920* dentro do Programa de Pós-Graduação "Culturas e Identidades Brasileiras" do Instituto de Estudos Brasileiros da USP, sob a orientação da Profa. Dra. Vanderli Custódio. Publica-se pela Global Editora a 2ª edição de *Tempo de aprendiz*, com apresentação do jornalista Geneton Moraes Neto. Em 25 de outubro, na Fundação Joaquim Nabuco, em sessão do Seminário de Tropicologia organizada pela Profa. Fátima Quintas, o Prof. Dr. Antonio Dimas (USP) profere palestra a respeito do *Manifesto Regionalista* por ocasião do aniversário de 90 anos de sua publicação.

2017 O ensaio *Gilberto Freyre e o Estado Novo: região, nação e modernidade*, de autoria de Gustavo Mesquita, é anunciado como o vencedor do 6º Concurso Nacional de Ensaios Prêmio Gilberto Freyre 2016/2017, promovido pela Fundação Gilberto Freyre e pela Global Editora. A entrega do prêmio é realizada em 15 de março na sede da fundação, em Apipucos, celebrando conjuntamente os 30 anos da instituição, criada para conservar e disseminar o legado do sociólogo. Publicam-se pela Global Editora o livro *Cartas provincianas: correspondência entre Gilberto Freyre e Manuel Bandeira*, com organização e notas de Silvana Moreli Vicente Diás, e *Algumas assombrações do Recife Velho*, adaptação para os quadrinhos de sete contos extraídos do livro *Assombrações do Recife Velho*: "O Boca-de-Ouro", "Um lobisomem doutor", "O Papa-Figo", "Um barão perseguido pelo diabo", "O visconde encantado", "Visita de amigo moribundo" e "O sobrado da rua de São José". A adaptação é de autoria de André Balaio e Roberto Beltrão; a pesquisa, realizada por Naymme Moraes e as ilustrações, concebidas por Téo Pinheiro.

Nota: após o falecimento de Edson Nery da Fonseca, em 22 de junho de 2014, autor deste minucioso levantamento biobibliográfico, sua atualização está sendo realizada por Gustavo Henrique Tuna e tenciona seguir os mesmos critérios empregados pelo profundo estudioso da obra gilbertiana e amigo do autor.